Andreas Härdter

Jahresgedicht 2015

365 Kurzgedichte zur aktuellen Zeitgeschichte

Buch

Die wichtigsten Ereignisse eines jeden Tages im Jahr 2015 sind hier in gereimter Form wiedergegeben. Es soll auf angenehme Weise und knapp gehalten, mal ernst, mal heiter, der Erinnerung an dieses ereignisreiche Jahr dienen.

Ähnlich wie in den immer beliebter werdenden Fernseh-Jahresrückblicken, die alljährlich über die Bildschirme flimmern, wird es dem Leser erstaunlich oft so ergehen, dass er sich an die Stirn tippt und denkt: „Ach ja, das hatte ich schon fast vergessen!"

Bestimmte persönliche Jahrestage (Geburtstag, Hochzeitstag etc.) lassen sich so leicht mit den nachrichtlich relevanten Ereignissen des Jahres in Beziehung setzen. Oder man lässt einfach Stück für Stück das Jahr in entspannter Atmosphäre in die Erinnerung zurückrufen.

Ein einmaliges Zeitdokument! Und vielleicht bekommen Sie ja Lust, an seiner Fortführung mitzuarbeiten? Dann ermitteln Sie die Top-Nachricht eines noch „freien" Tages (siehe Kalender unter „Mitmachen – Jahresgedichte" auf der Verlags-Homepage www.freigeistiger-verlag.de) und „machen Sie sich darauf selbst einen Reim"!

Autor

Andreas Härdter, Jahrgang 1956, verbrachte die ersten Jahre seiner Kindheit bei Stuttgart und zog dann in die Nähe von Braunschweig. Nach dem Abitur und Berufsausbildungen im sozialen Bereich entdeckte er seine Vorliebe für Fremdsprachen wieder und schloss eine Ausbildung zum Übersetzer an. Immer wieder zog es ihn in die weite Welt hinaus, und er bereiste intensiv fast alle Erdteile.

Nach dem Lyrikband „Jahresgedicht 2002 - 365 Kurzgedichte zur aktuellen Weltgeschichte" -, in dem er die täglichen Topnachrichten des Jahres 2002 mal ernst, mal heiter in Reimform brachte, veröffentlichte er 2007 seinen „Spaziergang nach Rom". In ihm verarbeitete er all die Kuriositäten und witzigen Erlebnisse des langen Fußmarsches von Braunschweig in die Ewige Stadt zu einem humorvollen Werk.

Daran knüpft sein 2013 erschienener satirischer Reisebericht „Die Hanse-Runde – geradelt" an, in dem er seine Erlebnisse bei der Umfahrung der gesamten Ostsee auf dem Fahrrad in ähnlicher, humorvoller Weise beschreibt.

„Der Zeitenzeuge" (2011) ist sein erster Roman. In ihm beschreibt der überzeugte Atheist das fiktive Leben des ursprünglichen Ägypters Semenchkare, der aufgrund einer vererbten Genmutation als extrem langlebiger Mensch die großen Zeiten der Religionsgründungen miterlebt hat und uns heute bezeugen kann, dass sich niemals ein Gott wirklich offenbart hat. Seit 2015 ist dieses Werk auch in altdeutscher Schrift (Sütterlin/Kurrent) erhältlich.

Aus dem ersten Jahresgedicht hat der Autor inzwischen eine Buchreihe unter gleichem Namen gemacht und fügt nach den Bänden für 2012, 2013, 2014 und 2015 derzeit auch dem Jahr 2016 täglich eine weitere Nachrichtenstrophe hinzu.

2011 gründete er einen eigenen Verlag mit dem Namen „Freigeistiger Verlag Andreas Härdter". Er ist verheiratet und Vater dreier Kinder.

Bibliografische Information der Deutschen Bibliothek
Die Deutsche Nationalbibliothek verzeichnet diese Publikation
in der deutschen Nationalbibliografie; detaillierte bibliografische
Daten sind im Internet über http://dnb.ddb.de abrufbar.

Andreas Härdter

Jahresgedicht 2015

Vechelde: Freigeistiger Verlag Andreas Härdter

ISBN 978-3-943070-15-6

1. Auflage 2016

© 2016 by Freigeistiger Verlag Andreas Härdter
Peiner Straße 5, 38159 Vechelde
Germany
Alle Rechte vorbehalten.
Produktion und Herstellung: Freigeistiger Verlag Andreas Härdter
Printed in Germany by Amazon Distribution GmbH, Leipzig

Auch als eBook erhältlich: ISBN 978-3-943070-16-3

www.freigeistiger-verlag.de

Andreas Härdter

Jahresgedicht 2015

365 Kurzgedichte
Zur aktuellen Zeitgeschichte

__Januar__

1. Januar:

Jetzt ist auch Litauen dem Euro beigetreten;
Baltikum komplett nach Esten und auch Letten.
Die Letten führen jetzo Vorsitz der EU.
Zu Beginn des Jahrs trägt auch Kim Jong Un wie üblich was
                                                                                          dazu:
Will Gespräche mit dem Süden führen;
Doch von Änderung war noch nie etwas zu spüren.
In Shanghai brach Panik aus zum Jahreswechsel;
38 Tote, es schien wie ein Gemetzel.

2. Januar:

Jetzt ist er da: Der flächendeckend' Mindestlohn
In den meisten Branchen gab's ihn schon.
Doch Ausnahmen werden immer noch gemacht;
Für Langzeitarbeitslose ist er im ersten Halbjahr beispielsweise
                                                                                   nicht gedacht.
Darüber führte die Linke lang noch eine hitzige
                                                                         Debattenschlacht.
Mit Austausch nach dem 6. Monat könnten Arbeitgeber folglich
                                                                              droh'n.

3. Januar:

Genial, doch grausam ist der Schleuser neue Geldesquelle:
Zu schicken Asylanten führerlos über aufgewühlte Meereswelle.
Mit alten Frachtern, grad noch schwimmend' rost'gem Schrott
Fahr'n sie los und gehen unterwegs von Bord.
Diese Bomben treiben gen Italiens Küsten selbst sodann,
Zu hoffen bleibt, dass man sie entdeckt und dann auch retten
                                                                                     kann.

4. Januar:

Neuer Akt im Drama Griechenland:
Neue Wahlen stehen vor der Tür.
Griechen wollen weg vom europäisch auferlegten Armutsrand.

Syritsa stünde chancenreich dafür.
Das hat in Berlin ein lang gehüt' Tabu gebrochen;
Von Euro-Austritt wird seit heute offener gesprochen.

5. Januar:

Von Pegida wachsen Freund und Feind nun stetig an;
Das ruft den Postillon jetzt auf den Plan.
Dem Satire-Blatt ist heut' gelungen
Zu verwirren arg die Schar der Dummen,
Welche in Dresden fremdenfeindlich auf die Straße gehn.
Die Meldung ging: Der Zug bleibt stehn!
Wer dennoch kommt, macht sich schuldig an strafbarem
Vergehn.

6. Januar:

Gibt's nun doch ein Leben nach dem Tod?
Die FDP sich aus demselben heut' erhob.
Als *Manager* Lindner sich vor die Liberalen stellte
Und wie ein Entertainer die Stimmung neu erhellte.
Dreikönigstreffen heißt es in der Tradition,
Doch man meint, es wäre Ostern schon.
Noch dazu ein neues Bunt:
Mit Magenta zieht man in die nächste Wahlenrund'.

7. Januar:

Religion verblendet.
Islamismus schürt den Hass.
Charlie Hebdo mit Humor sich gegen beides wendet;
Jetzt kostet Leben dieser Spaß.
In Paris betrauert man die Toten.
Von *Allah* gesandt die Todesboten?
Demokratie, Freiheit und Humor
Gingen aus *seiner* Schöpfung sicher nicht hervor!

8. Januar:

"Je suis
Charlie".
In der freien Welt steht dieser Satz
Für Verteidigung von Meinungsfreiheit als größtem Schatz.
Denn sie ist bedroht
Durch islamistisches Gebot.

9. Januar:

Szenen wie im Krieg
Gab es heute im Franzosenland.
Am Ende zwar ein kleiner Sieg,
Doch mancher dort den Tod auch fand.
Die Attentäter auf der Flucht,
Ein Komplize derweil für diese Geiseln nahm.
In einer Druckerei sie hatten Schutz gesucht:
Die Brüder Kouachi, Al Qaida-Mörder ohne Scham.
Ein Doppelschlag der polizeilich' Übermacht;
Auch Geiseln starben in der Schlacht.

10. Januar:

Sturm und Regen zogen heute über Deutschlands Norden.
Vielerorts ging gar nichts mehr.
Weltweit zog man aus zu demonstrieren gegen islamistisch'
                                                                                Morden;
Freiheitswille setzt sich stark zur Wehr.

11. Januar:

"Nous sommes Charlie",
Scholl es heut' millionenfach durchs Frankenreich.
Viele Staatschefs in Paris;
Selbst Abbas tat es dem Rivalen Netanjahu gleich.
Paris als heut'ge Hauptstadt dieser Welt;
So hat Hollande sie in seiner Rede würdig dargestellt.

12. Januar:

Pegida schreibt sich "Charlie" nun auf die Fahnen.
"Geschmacklos!", kommt es aus Paris zurück.
Auch hierzulande sich Proteste immer stärker bahnen
Zu drängen Rechte ins Abseits schnell Stück für Stück.

13. Januar:

Mahnwache vor dem Brandenburger Tor.
Friedliche Muslime mit Tausenden vereint.
Charlie Hebdo stellt Rekordausgabe vor:
Der Prophet darauf; er weint.
In Paris Polizisten heut' zu Grab getragen;
In Jerusalem die Opfer aus dem koscher' Laden.
Solidaritäten die Gewalttat überragen,
Ins Gegenteil verkehrt der Wille derer, die nur wollten schaden.

14. Januar:

Bekennervideo von Al Qaida aus dem Jemen.
Freude bekämpfen, möglichst vielen schaden,
War schon das höchst' Begehren des bin Laden.
Ausweisentzug droht in Deutschland jetzt all jenen,
Die nach Syrien wollen und ein Terrortraining haben.

15. Januar:

Nach Paris ist man in Europa wach;
In Belgien gab es eine Razzia, gleich mit Toten,
In Wolfsburg und Berlin sind verhaftet weitre Terrorboten.
Man hofft, man hält Al Qaida so in Schach.

16. Januar:

Als Raucher hat man's wirklich schwer:
Erst kommt die Packung mit den Todesbildern her,
Dann werden alle Kneipen plötzlich Nichtraucher
Und heute spricht vom BGH ein rot-gewand'ter Richter:
Kommt vom Nachbarn 'ne Beschwerde her,
Rauchst du auch auf dem eigenen Balkon nicht mehr!

Ach, wie gut, ich bin schon lange weg vom Lungenteer!

17. Januar:

Die Kursbindung des Schweizer Franken ist nun aufgehoben,
Der Euro stürzt im Vergleich ganz deutlich ab.
Die Schweizer selbst sind dem Kaufen jetzt bei uns gewogen;
Das zieht einige der Schweizer Händler nun ins Grab.

18. Januar:

Islamisten haben eines nun geschafft:
Die Versammlungsfreiheit ist bei uns beschnitten.
Eh' sich Pegida und ihr Anti-Tross nun morgen wieder
                                                                aufgerafft,
Man tat in Dresden beides für die Sicherheit verbieten.
Der Islamist daraus nur lernen kann:
Schon Drohung ist genug dem Religionstyrann.

19. Januar:

Während in Dresden Tausende müssen heut' zuhause bleiben,
In andern Städten einige den Fremdenhass nach vorne treiben.
Doch sind dort Pegida-Gegner deutlich in der Mehrheit vorn,
Das dämpft wohl bundesweit des Volkes Zorn.

20. Januar:

Frieden auf Papier.
In Ukraines Osten ist's nichts wert.
Täglich gibt es Tote hier,
Mobilmachung uns dieser Tag beschert.
Kiew will Trümmer rückerobern,
Den Airport von Donezk.
Ist es Zermürbung, wird es Showdown,
Wenn man neue Männer in die Schlachten stürzt?

21. Januar:

Die Mehrheit in den Kammern ist zwar weg,
Doch geht Obama in die Offensive

Und erklärt das Ende langer Krise.
Auch für Kuba gibt es einen neuen Weg:
Verhandlung hat begonnen;
Man hat sich auf Vertretungen besonnen.

22. Januar:

Ein jeder macht's, wie er's von Kindheit an gewohnt:
Der Deutsche will den Euro stark,
Weil er sieht, dass dieses bei der D-Mark hatte sich gelohnt.
In Draghi lang die Sehnsucht nach der Lira sich verbarg;
Drum druckt er Euros nun billionenfach,
Macht die Gemeinschaftswährung für die Wirtschaft schwach
Und riskiert mit uns den großen Krach.
Es zeigt sich, wie schon lang vermutet:
Euro ist für die Wirtschaft da; der Steuerzahler blutet.

23. Januar:

König Abdullah von den Saudis ist gestorben.
Die ganze Welt trauere um den alten Mann,
Was ich von mir selbst mit Sicherheit nicht sagen kann,
Hat er sich den Ruf des übelsten Shari'a Wächters doch
erworben.
Zwar wurde Raif Badawi vom Rest der Prügelstrafe grad
begnadigt,
Doch das den Weg zurück zur Menschlichkeit noch lange nicht
begradigt.

24. Januar:

Acinetobacter, das Wort löst wohl bald schon Grausen aus;
Steht es doch für Multiresistenz im Krankenhaus.
In Kiel sind mehrere Patienten unter dessen Einfluss nun
gestorben;
Sie war'n schon krank und sind noch kränker dort geworden.
Um sich den eingeschleppten Keim vom Hals zu schaffen,
Muss man die Disziplin zur optimal'n Hygiene straffen.

25. Januar:

Heut' hat Griechenland gewählt;
Das Volk will, dass man es mit Sparen nun nicht länger quält.
Alexis Tsipras ist der neue starke Mann.
Mal seh'n, was seine Syriza bewegen kann.
Den Schuldenschnitt fordert er von Brüssel,
Doch ist der Eurotopf längst noch keine
                                      Selbsbedienungsschüssel.

26. Januar:

Alexis Tsipras bricht Rekorde.
Gestern erst gewählt und heut' schon Präsident.
Koalition mit der rechten Populistenhorde,
Daran sieht man, wie's im Lande brennt.
Das ist wie die Linke mit der AfD -
Autsch - das tut der Seele weh!

27. Januar:

Dieser Tag gehört dem Gedenken.
Auschwitz wurd' vor 70 Jahren heut' befreit.
Ein Volk, das die Welt mit viel Kultur tat stets beschenken,
War auch zur schlimmsten aller Grausamkeit bereit.
Nur wenig' Überlebende gibt es heute noch,
Die bereit sind zu berichten aus dem Höllenloch.
Doch immer wieder muss man die Jugend neu ermahnen,
Dass sie niemals wiederhole die Verbrechen ihrer Ahnen.

28. Januar:

Lutz Bachmann, Kathrin Oertel;
Pegida bricht entzwei.
Beide und noch andere sind in der Führung länger nicht dabei.
Brüchig wurd' nun schnell der Mörtel.
Erfreulich schnell gewachsen ist die Gegenwehr.
Liegt's an dieser, dass man sagt "Ich will nicht mehr?"

29. Januar:

Die EU will Sanktionen gegen Russland nun verschärfen;
Die neuen Griechen stimmen da zunächst nicht zu.
Schulz war in Athen, um Kooperation neu anzuwerfen,
Man lässt Tsipras für die Re-Reformen keine Ruh.

30. Januar:

Facebook ändert die Bedingung seiner Nutzung;
Man will wissen, wo der Nutzer sonst noch surft.
Datenschützer reagieren mit Verdutzung;
In Zukunft noch gezielt're Werbung nervt.
Wer sich reinklickt, akzeptiert -
Datenklau danach recht ungeniert.
Konto löschen oder Facebook auf 'nem eignen Browser
Rät sich an für jenen, der mit seinen Daten gerne weiter knauser.

31. Januar:

Richard von Weizsäcker ist heut' verstorben.
Er zählte zu den ganz Großen dieses Landes
Als Weber eines transparteilich' Demokratenbandes.
Auch für uns hat er des Krieges Ende als Befreiung definiert
Und dadurch Deutschland aus dem Dunkel mit ans Licht
                                                        geführt.
Er hat sich seinen Platz in der Geschichte ehrenvoll erworben.

Februar

1. Februar:

Der IS will von seiner Barbarei nicht lassen;
Auch in Japan wird die Mehrheit ihn nun dafür hassen.
Kenji Goto wurde als zweiter Landsmann nun enthauptet.
Wegen nicht gezahltem Lösegeld, wie aus den Medien verlautet.

2. Februar:

In der Ukraine - wird's ein Stellvertreterkrieg?
Obama denkt ans Liefern bald von Waffen.
Doch hilft das wohl kaum jemandem zum Sieg -
Vorbei dann jeglich' Chance Frieden dort zu schaffen.
Europa ist mehrheitlich dagegen,
Außer denen, die gleich neben Russland leben.

3. Februar:

Standard and Poors, die Ratingagentur,
Muss Milliarden Dollar Strafe zahlen.
Vor Jahren verließ man sich auf deren Wertung pur
Und übersah, dass sie zum eigenen Vorteil schönte manche
                                                    Zahlen.
Das führte zur weltweiten Bankenkrise;
Die Strafe verschmerzt wohl schon der einflussreiche
                                                    Meinungsriese.

4. Februar:

Spektakulär ein Video, das ein Fahrer auf Taiwan heut' drehte:
Ein Flugzeug, seine Unterseite im Blick voraus,
Streift mit dem Flügel ein Auto, das er vor sich erspähte,
Und stürzt in den Fluss, oh Graus!
Einige kommen wie durch ein Wunder unverletzt heraus;
Andere mit Wunden oder tot,
Genaueres weiß man noch nicht bis zum Abendrot.

5. Februar:

Merkel und Hollande auf Mission für Frieden.
In Kiew mit Poroschenko gab es heut' ein Treffen,
Morgen wollen sie zu Putin fliegen,
Um mit neuem Plan Gewalt zu reffen.
Autonomie im Donbass werde ausgeweitet,
Wenn man den Grenzverlauf nicht mehr bestreitet.

6. Februar:

Vor Tagen hat IS einen Piloten bei lebend'gem Leib verbrannt;
Jordanien hat den Akt mit Hinrichtungen quittiert.
Jetzt wird gegen Terror mit Luftangriffen angerannt;
Das hat die IS wohl ziemlich arg schockiert.

7. Februar:

In München tagt die Sicherheitskonferenz.
Die Ukraine ist fast das einzig' Thema.
USA setzt auf Waffenlieferung, so die Tendenz,
Das passt nicht in Europas Friedensschema.
Das mache auf Putin wenig Eindruck
Und eskaliere die Gefahr.
Der gäbe sich wohl dann nur einen Ruck,
Wenn er dabei nun sein Gesicht bewahr'.

8. Februar:

Swiss Leaks:
Neues Modewort für Bankskandal.
Verzinst in Stützlis
Blutgeld, woher war ihnen ganz egal.
Ob aus Völkermord,
Ob aus Steuerhinterzug;
Die Genfer HSBC nahm Geld von jedem Ort
Und half aktiv auch bei Fiskalbetrug.

9. Februar:

Merkel jettet um die Welt:
Hat sich heute bei Obama vorgestellt,
Will danach nach Kanada
Und ist morgen in Berlin schon wieder da,
Und von Berlin geht's Mittwoch weiter gleich nach Minsk,
Wo man hofft, dass ukrainisch' Frieden wird auch ihr Verdienst.

10. Februar:

Vor dem Minsker Friedenstreff
Schlagen die Waffen nochmal richtig zu.
Gebietsgewinn will schnell der Separatistenchef,
Doch auch die Ukraine gibt noch keine Ruh.
Nochmal verstärkt müssen Menschen leiden,
Während viele schon im Vorfeld ihre Skepsis zeigen.

11. Februar:

Morgens noch von Weizsäcker betrauert in feierlicher
                                            Abschiedsstunde,
Sitzt Merkel später schon in Minsk in kritischer
                                            Verhandlungsrunde.
Auch Putin sagte zu und wurd' begrüßt vom Diktatorenkumpel
                                            Lukaschenko;
Derweil von Krieg nun spricht im Fall des Scheiterns Ukraines
                                            Poroschenko.
Erfreulich also ist: die Gespräche finden statt,
Doch offen bleibt, ob das Ganze auch am Ende ein Ergebnis hat.

12. Februar:

Eine Waffenruhe konnte man in Minsk vereinen,
Doch steht die auf ziemlich wackeligen Beinen.
Ab Sonntag soll sie gelten
Zwischen denen, welche trennen Welten.
Hollande und Merkel wirken äußerst übernächtigt;
Zunächst EU den russisch' Bären weiterhin als friedlich nicht
                                            verdächtigt.

13. Februar:

Den Griechen steh'n die Schulden bis zum Hals.
Deren Anleihen akzeptieren Banken nun nicht mehr.
Tsipras verliert den arrogant geführten Kampf um Lockerungen,
　　　　　　　　　　　　　　　　　　　　　　　falls
Bis Montag kommt keine Einigung daher.
Am End' des Monats endet's Hilfsprogramm;
Keiner weiß, woher die Euros sollen kommen dann.

14. Februar:

Zu einer Konferenz über Meinungsfreiheit hatte man geladen,
Über künstlerische Liberalität in einem kleinen Kopenhag'ner
　　　　　　　　　　　　　　　　　　　　　　Laden.
So etwas schlägt Islamisten - klar doch - gehörig auf den Magen,
Weshalb sie sich sogleich an einen Anschlag gegen dieses
　　　　　　　　　　　　　　　　　　　　　　wagen.
Ein Besucher starb, es gab Verletzte, die Polizei tut den
　　　　　　　　　　　　　　　　　flücht'gen Täter jagen.
Wenn ich sowas hör', platzt mir immer mehr der Kragen.

15. Februar:

Müssen jetzt auch wir,
Konkret in Braunschweig hier,
Unser Leben danach richten,
Wozu die Islamisten wollen uns verpflichten?
Statt beim *Schoduvel* uns vergnügen
Zuhause zittern vor der Muftis Lügen?
Wegen Terrordrohung ist der Zug nun abgesagt;
Nichtmal im klassisch' Zweistromland war Kritik zu
　　　　　　　　　　　　　　Narrenzeiten untersagt.

16. Februar:

Die sonst'gen Rosenmontagszüge fanden statt,
Wenn man so manchen aus Bedrohung auch mal abgespecket
　　　　　　　　　　　　　　　　　　　　　　hat.
"Grexit" ist und bleibt ein aktuelles Narrenthema;
Sehr zweifelhaft, ob Frieden hält in der Ukraina.

Islamismus ist bei Krisenzählung selbstverständlich mit dabei;
Auch ohne Fasching ist die Welt voll Narretei.

17. Februar:

Ist Frieden möglich mit Putins Kindsgemütern,
Wenn diese meinen, "Ja, gleich,
Müssen nur noch schnell Debalzewe mit allen Gütern
Erobern fürs neue ostukrainisch Russenreich!"?
"So, sorry, nun haben wir, was wir haben wollten -
Was war das jetzt nochmal, was wir für Minsk 2 so alles machen
                                                           sollten?"

18. Februar:

Debalzewe ist eingenommen;
Poroschenkos Truppen ziehen ab.
Europa ist mit den Griechen weiter nicht gekommen;
Für Tsipras wird es langsam knapp.
Das und Balkanarmut dürften wohl die Themen sein,
Die am politisch' Aschermittwoch man bered't bei Bier und
                                                           Wein.

19. Februar:

Trari-trara, die Post ist da!
Ist Griechenland jetzt eingeknickt,
Wenn es Europa heut' den Antrag schickt?
Ein jeder liest nun, was er mag
Aus dem notgedrung'nen Eilantrag.
Schäuble sagt gleich: Nein!
Da drin müsst mehr Bewegung sein.
Das Juncker-Brüssel meint: Ja, das geht,
Während die Eurogruppe Fallen im Papier erspäht.
Athen ist wohl dem Geld noch lang nicht nah!

20. Februar:

Einem Generalstaatsanwalt soll es an den Kragen gehen:
Lüttig heißt der Mann und er amtiert in Celle.
Wegen Geheimverrats will man Verdächt'ges bei ihm sehen;

7 mal im Falle Wulff, einmal Edathy, darum dreht sich wohl die
Schelle.
Scheint's hat man sich arg gehasst;
Anderes als Motiv wohl kaum zusammenpasst.

21. Februar:

Ein Kompromiss mit Varoufakis scheint gefunden;
Die Hellas-Hilfe um vier Monde prolongiert.
Mit knapper Not der Krise nun entwunden,
Hat Griechenland Reformen schließlich doch guttiert.

22. Februar:

Den Zivilschutz will in Deutschland man jetzt testen;
Die deutschen Panzer brauchen Deutsche selber nun,
Statt sie zu liefern Litauern, Letten oder Esten.
Soll nach 70 Jahren der Friede wieder ruh'n?

23. Februar:

Um Edathy gab's bereits im Vorfeld so viel Zoff,
Dass der Prozessauftakt zur Nebensache heut' geriet.
Anklag' und Verteidigung verkürzen weiter noch den Stoff,
An dessen End' wohl nun die Einstellung geschieht.
Vorausgesetzt der Onkel ist so lieb,
Dass er gesteht, dass es ihn zum Kauf der Kinderpornos trieb.

24. Februar:

Beim Kassieren hatte Blatter scheinbar glatt vergessen,
Dass in Katar Fußballspielen ist im Sommer wenig angemessen.
Jetzt herrscht bei der FIFA große Not -
Spricht so mancher doch ganz frech vom drohend' Hitzetod.
Will man's Schmiergeld aber doch behalten,
Muss man die WM in Richtung Winter schalten.

25. Februar:

Ein vernichtend' Urteil hat Amnesty der Welt gegeben,

Denn nichts und niemand verhindert den Verlust von
                                                    Menschenleben.
Sicherheitsrat und EU bescheinigt es Komplettversagen
Zu den meisten global- menschlichen Überlebensfragen.
50 Millionen waren 2014 vor Krieg und Terror weltweit auf der
                                                    Flucht,
Doch hier man deren Aufenthalt nur immer zu verhindern sucht.

26. Februar:

Dobrindts Maut ist heut' im Bundestag das Thema;
Dazu die Parteien nach bekanntem Schema:
Oppositionelle wollen sie gleich mit dem Minister schassen,
Weil sie seine Pläne lang schon hassen.
Die Einnahmen wären wirklich lächerlich gering;
Dafür der Aufwand hoch, also weg das Ding!?
Doch sie steht nun mal im Koalitionsvertrag;
Also muss sie her, wenngleich sie außer Dobrindt keiner mag.

27. Februar:

Trauer herrscht auf Vulkan, dem Planeten,
Denn der Tod hat Mister Spock nun in sein Reich gebeten.
Ein letztes Mal der fingerspreizend' Friedensgruß,
Ehe Asche in Asche künftig ewig ruhen muss.
Wann endlich man zur Logik sich auch hier auf Erden wendet,
Wo noch immer religiöse Macht die klare Sicht verblendet?

28. Februar:

Offen wird's auch bei uns nicht ausgesprochen,
Wenn Putin wieder etwas hat verbrochen.
Sein erbittert' Gegner Nemzow wurd' in Moskau heut'
                                                    erschossen.
Gleich nach dessen unverhohlener Kritik
An des Diktatoren Ukraine-Politik.
Nicht umsonst war Putin Profi in geheimen Diensten,
Drum zeigt er Skrupel nicht mal im Geringsten.
Mordaufträge vergibt er völlig unverdrossen
An seine alten Kampfgenossen.

März

1. März:

Nach Dresden und Braunschweig jetzt auch in Bremen
Islamisten das öffentliche Leben lähmen.
Diffuse Terrordrohung für die ganze Stadt
Polizei und Bürger zu erhöhter Wachsamkeit veranlasst hat.
Ein Salafist steht im Verdacht die Waffen zu besorgen
Für 'nen Anschlag - vielleicht heute, vielleicht morgen?

2. März:

Erst die Unschuldsvermutung durch die Presse aufgehoben,
Heute Edathys "Geständnis" - und Reue offensichtlich
                                                 vorgeschoben.
Ende des Verfahrens - das Recht, das treibt in unserm Land
                                                 kieloben.
Als rechtlich vorbestraft gilt der SPDler weiter nicht,
Ein Trinkgeld soll er zahlen, so zum Abschluss das Gericht.
Auf Null schon lange steht zum Ausgleich sein moralisches
                                                 Gewicht.
Auf seine Mitgliedschaft ist die Partei nicht länger mehr erpicht.

3. März:

Wie ein Elefant im Porzellangeschäft
Hat Benjamin Blüm.. - nein - Netanjahu
Vor dem Kongress Obama heut' genervt.
Klar ist, dass er nicht sagt ja zu
Dem Atomabkommen mit Iran,
Doch bietet er auch keine einz'ge Alternative an.

4. März:

Ausgerechnet von Seiten der Union
Gerät der Soli unter Druck.
Ab dem Jahre Zwanzigzwanzig "schon"
Gibt sie sich zu seinem stet'gen Abbau nun den Ruck.
Und ausgerechnet unsrer alten SPD
Täte das besonders weh.

Sie hätt' stattdessen gern die ESt davon erhöht.
Dass es ausgerechnet so rum ist, das ist schon blöd.

5. März:

Recht spät noch eine Meldung aus der platten, trivialen Welt:
Nach seinem nationalen Siege hat Sänger Kümmert ängstlich
           festgestellt:
"Der ESC, das ist zu viel für mich und auch nicht meine Welt".
Da fragt man sich, warum hat er sich dann aufgestellt?
Conchita Wurst muss auf andre bärtige Konkurrenz dann wohl
              verzichten
Und ich geb' mir künftig wieder mehr an Müh' beim Dichten.

6. März:

Heute meldet uns der Zeitungsbote:
Nun ist sie durch, die Frauenquote!
In den hundert größten Unternehmen
Muss es im Vorstand bald ein knappes Drittel Frauen geben,
Bei vielen anderen ist Ähnliches "freiwillig" anzustreben.
Klappt die Sache nicht,
Ist mit dem Vorstandsposten Schicht.

7. März:

Wirtschaftsminister Gabriel ist nach Saudi Arabien nun
            aufgebrochen.
Freunde der Menschenrechte sammelten Unterschriften schon
            seit Wochen,
Dass er für Raif Badawis Freiheit ein gewicht'ges Wort
Einlege an dem für aufgeklärte Leute finst'ren Ort.

8. März:

Juncker hat eine alte Idee neu belebt,
Nämlich, dass Europa nach gemeinsamer Verteidigung bald
            strebt.
Eine Armee für ganz Europa -
Das senkt Kosten und wär doch super!?

9. März:

Aus der Lira hat man den Euro einst gemacht;
Seit heute hat ein Italiener unsre Währung auf den umgekehrten
                              Weg gebracht.
65 Milliarden will er monatlich jetzt drucken;
Die Banken müssen sich vor diesem Regen wohl bald ducken.
Bis nächstes Jahr im Auguste soll dies geschehen,
Damit sich Wirtschafträder auch im Süden frisch geschmieret
                              wieder drehen.
Hier entgegen bleibt der Sparer dann im Regen sitzen;
Um die Rente müssen wir bald nochmal länger schwitzen.

10. März:

Nachdem Putin den Plan zur Krimeroberung hatte schmunzelnd
                              zugegeben,
Beginnen nun Manöver bei den Völkern, die süd- und westlich
                              neben Russland leben.
Obama schickte reichlich Panzer, welche in den Ländern
                              bleiben;
Woll'n wir hoffen, dass sie mit dem Provozieren nicht zu sehr
                              übertreiben.

11. März:

Der Trick ist schmutzig -
Fragt sich nur, von welcher Seite?
Ist's aus Griechenland, dann ist es putzig,
Stammt's von uns, dann schäme man sich heute.
Reparationen sind's, die Tsipras von uns fordert
Aus der Zeit, als Deutsche in dem Land gemordet'.
Mit der deutschen Einheit sei die Sach' getilgt,
Schreiben wir uns völkerrechtlich auf das Abwehrschild.

12. März:

Bei Syrien hat der Sicherheitsrat komplett versagt.
Vier Jahre hält das Morden nun schon an.
Der Rat blockiert sich selbst, sobald er tagt.
Veto hier und Veto da, ist das Ergebnis dann.

13. März:

Meldung eins:
Das Kopftuchverbot ist aufgehoben.
Meldung zwei:
Die Führer des IS den Terror auch im Westen neu ausloben.
Im ersten Fall mir scheint's:
Das BVG hat sich mit den Religionen neu verwoben.
Und sind wir schon dabei:
Reicht das schon für Beistand gegen Terror von "Ganz Oben"?

14. März:

Baldwin Lonsdale mit bewegter Stimme
Auf der Welt-Katastrophenkonferenz
Berichtet über das aktuell und heut' besonders Schlimme:
Ein Zyklon raubt seinem Vanuatu die Grundlagen der Existenz.
Mit ungeheurer Wucht ist er über das Inselreich gefegt
Und hat erstmal vernichtet, was den Wohlstandsansatz hatte
                                          einst belebt.

15. März:

Varoufakis zugeschaltet auf die Sendung *Günther Jauch*;
Gibt sich ganz gemäßigt, verzichtet auf Attacken aus dem
                                          Bauch,
Spricht über gewünschte Einheit in Europa,
Aber über Profite deutscher Banken aus der Krise auch.
Eingespielt sein Stinkefinger vor zwei Jahren in Croatia.
Das sei gefälscht, empört sich Varoufakis, das war er nicht, so
                                          hört man da.

16. März:

Im Rennen um Olympia
Hat Hamburg nun die Nase vorn.
Überzeugender das Bürger-Ja,
Berlin enttäuscht, doch ohne Zorn.
Der DOSB entschied sich für die Elbe-Stadt,
Weil sie kompakt, was nötig ist, zu bieten hat.
Doch muss für '24 gegen Boston sie ins Rennen;

Das ist nicht gerade *leicht* zu nennen.

17. März:

Israel ist in der Mitte recht gespalten;
Netanjahu oder Herzog, rechts oder links.
Heute wurden Wahlen abgehalten.
Regierungsbildung? Bis jetzt wohl kaum gelingt's.
Es herrscht ein Patt,
Weil bisher noch keiner eine Mehrheit hat.

18. März:

Neue EZB-Zentrale eingeweiht,
Draghis Gegner stark gewaltbereit.
Rund ums neue Hochhaus herrschte Krieg.
Steine flogen, Polizeivehikel steh'n in Flammen.
Für *Blockupy* in Frankfurt war's kein Sieg;
Krawall von jenen, die auch sie verdammen.

19. März:

Ein herber Rückschlag für *Jasmin*:
Tunis quält der Terror.
Heimgekehrte Mudschaheddin
Schlachteten Touristen nun dahin.
Fürs Ferienland, so der Tenor,
Ist das Vertrauen mit gestorben.
Zu groß die Macht der ISIS-Terrorhorden.

20. März:

Blauer Himmel wird ganz grau.
Mond vor Sonne - durch die Brille - schau!
Von oben tritt die Blende ein,
Doch verhindert hier nicht ganz der Sonne Schein.
Diffuses Licht, die Vögel stumm.
Lange dauert's nicht, dann ist es rum.

21. März:

Zu *Newroz*, dem kurdisch' neuen Jahr,
Ruft Öcalan zum Frieden auf.
Das klingt nach 30 Jahren wunderbar,
Warum kam man da nicht früher drauf?
Vierzigtausend hätten überlebt,
Hätt' man nicht nach Autonomie gestrebt.
Was nun hat den Kurdenführer umgestimmt?
Ist's ein Trick von Erdogan, dem sonst der EU-Beitritt wohl nie
                                                               gelingt?

22. März:

Kreistagswahlen in unsrem Nachbarland -
Wen interessiert das schon?
Doch in Frankreich lag dabei schon jetzt mal auf der Hand,
Wer für die Präsidentschaftswahl den Weg nach oben fand.
Zum Glück nun nicht von Le Pen der Nationale Front!
Eher erntet Sarkozy der nächsten Wahlen Lohn.

23. März:

Das Geld geht aus,
Da besucht Tsipras die Merkel mal zuhaus.
Entspannt bei Ente und Gemüse
Drückt der Griechenchef wohl auf die Tränendrüse.
Reförmchen hat er mitgebracht,
Damit Merkel nun in Brüssel was draus macht.
Doch in ernst'rem Licht besehen:
Nur Dialog lässt vorhand'ne Spannungen vergehen.

24. März:

Unser Land steht heute unter Schock.
Germanwings am Fels zerschellt.
Ungebremst hineingeschnellt.
Unfassbarkeit in jedem Meldungsblock.

25. März:

Noch gibt Rätsel auf der Unglücksflug.
Der Voicerecorder wurde unterdes gefunden.
Ein Pilot allein befand sich wohl nur im Bug,
Dem Andren wurd' der Zutritt scheint's verwunden.
Hundertfünfzig Leben sind zerronnen;
In Haltern ist die Trauer übergroß.
Welche Erkenntnis wird am Ende wohl gewonnen?
Rajoy, Hollande und Merkel versammelt dort zum Denkanstoß.

26. März:

Inzwischen scheint nun klar zu sein:
Der Co-Pilot im Cockpit ganz allein.
Er ergriff die "Gunst der Stunde"
Zu beenden uns noch unbekannte psychisch' Wunde.
Er leitete bewusst den Sinkflug ein
Und ließ den Chef nicht mehr ins Cockpit rein.
Vollständig sollte die Vernichtung sein.

27. März:

Die ungeheure Tat
Ist auch heute erstes Thema.
Kaum jemand jetzt noch Zweifel hat,
Dass Andreas L. war Täter.
Er sperrte sicher wohl den Piloten aus
Und sorgte so für mörderischen Massengraus.

28. März:

Für Amanda Knox ist das Bangen nun vorbei.
Im Fall Kercher wurde sie heut freigesprochen.
Endgültig ist jetzt Freispruch Nummer zwei.
Der erste ward 2014 doppelt abgebrochen.
Engel mit Eisaugen hat man sie genannt.
In vielen bleibt ein letzter Zweifel eingebrannt.

29. März:

Im Atomstreit mit Iran
Steigt der Druck auf eine Einigung.
Nur noch mit Obama, so der Plan,
Erreichen Perser eine Entspannung.
Israel bezeichnet jeden Kompromiss
Mit dem Erzfeind als gefährlichen Beschiss.

30. März:

Sturmgewehr G Sechsunddreißig
Benutzen die Soldaten lang schon fleißig.
Doch erst jetzt hat man herausgefunden,
Dass Treffen damit wohl sei an Temp'ratur gebunden.
Je heißer draußen und beim Schießen auch von innen,
Desto weiter wohl die Kugeln sich vom Ziel entrinnen.
Damit lässt sich sicherlich kein Krieg gewinnen.

31. März:

Deutschland ist vom Sturm ergriffen.
Von Nord bis Süd gar fürchterlich die Winde pfiffen.
Konnt' man an der Nordsee kaum noch sich auf Beinen halten,
Mussten auch sonst im Lande alle 'nen Gang runterschalten.
"Niklas" nennt man vor Ostern das gewalt'ge Tief.
Nicht nur Zeit und Name hängt nach diesem schief.

April

1. April:

Kommt Fracking durch die Hintertür?
Das Gesetz von heute erst dagegen, dann dafür?
Man spricht von strenger Regel;
Nur für die Forschung überm 3000 Meterpegel.
Und was geschieht darunter?
Schiebt man uns 'ne Mogelpackung unter?
Heimlich, leis' und still?
Es ist der Erste vom April!

2. April:

Lang gesucht und heut' gefunden:
Der Flugschreiber der German Wings.
Der Staatsanwalt erklärte unumwunden:
Andreas L. öffnete suizidale Links
Im PC und Infos über Cockpittüren.
Das und auch die neuen Daten
Lassen das Paket *Gewissheit* schnüren
Und uns aus dem Sumpfe des Verdachtes waten.

3. April:

Islamismus hat in der Nachricht seinen festen Platz.
Diesmal ist es Al Shabaab mit Mordauftrag in Kenia.
Rund 150 Tote kostete die Glaubenshatz;
Es war in einer für uns fernen Uni; man kennt das ja.
Doch für die, die sind dabeigewesen,
Verändert das für immer inn'res Wesen.
Daran sollten wir denken, wenn wir drüber lesen.

4. April:

Erst wurd' in Tröglitz "nur" gedroht;
Drauf schmiss der Bürgermeister hin.
Heut' ist der Ruf der Stadt erneut in Not;
Flüchtlingsheim entzündet mit Benzin.
Gute Bürger demonstrieren.

Die Bösen randalieren.

5. April:

Das Frühlingsfest -
Ein Fest des Friedens.
Doch ist es auch ein harter Test
Für die Marine des italienisch' Südens.
Fünfzehnhundert auf der Flucht aktiv gerettet,
Während Christ zuhaus' nur betet.
Mancher auch darum, dass keiner komme;
In die Länder für besonders Fromme.

6. April:

Ist man ganz besonders reich,
Zieht man ins sunny Califonia.
Doch spielt die Sonne dort 'nen üblen Streich:
Sie trocknet aus das Wasserreservoir.
Jetzt müssen die das Wasser sparen,
Die bislang die maximal'n Verschwender waren.
Doch wer zahlt 'nen Haufen Geld,
Hat sich vom Sparzwang wieder freigestellt.

7. April:

Vor Tsipras' Spielchen kann man nie ganz sicher sein.
Jetzt fielen ihm die Reparationen wieder ein.
280 Milliarden sind das "errechnet" Ziel -
Das ist den Deutschen - klar doch - viel zu viel.
Doch was ist Recht?
Zweifelsohne war'n die Deutschen schlecht.
Das Unrecht ist schwer aufzuwiegen.
Vor allem, wenn's bloß drum geht, die Haushaltslöcher voll zu
                                                        kriegen.

8. April:

Acht Mal in den Rücken eines Manns geschossen;
Dem schwarzen Toten eine eigne Waffe in die Hand gedrückt.
Das tat ein weißer Polizist ganz unverdrossen;

Er dacht', die Täuschung wär geglückt.
Doch hat es einer mit dem Handy aufgenommen;
Nur deshalb ist der Mörder nicht davongekommen.

9. April:

Wenn intelligente Hacker gern der absoluten Dummheit dienen,
Dann bleibt ein Sender schon mal blind und stumm.
Bei TV-5 Monde sah man heut' mit schreckensstarren Mienen,
Wie ein schwarzer Bildschirm in der ganzen Welt ging rum.
Doch allweil besser ist's als Kopfabhacken,
Wenn von dem IS die Cyberhacker hacken.

10. April:

Jarmuk in Syrien ist ein Ort des Schrecken;
Terror droht aus allen Ecken.
Palästinenser, einst aus Israel geflohen,
Längst Assad und jetzt auch der IS bedrohen.
Ban Ki-Moon spricht bereits von Todeslager;
Kaum ein Ausweg, große Not, die Menschen mager.

11. April:

Oh, wie schön ist Panama!
Castro und der Obama,
Die beiden auch schon da!
Shake Hands nach 50 Jahren;
Erster ernster Schritt im Näherungsverfahren.
Barack lässt alte Konflikte nicht mehr gelten,
Welche stammen aus seinen vorgeburtlich' Welten.

12. April:

Seit heute ist es offiziell:
Hillary Clinton bewirbt sich um Amerikas höchste Stell'.
Einst First Lady neben ihrem Manne Bill,
Sie nun selber ganz nach oben will.
Nach 43 männlichen Präsidenten
Wird es Zeit, dass liege dieses Amt auch einmal in weiblich'
                                                         Händen.

13. April:

Nun ist auch der letzte große Nachkriegsschreiber tot.
Günter Grass erlag der Krankheit heut' im Morgenrot.
Sein Blechtrommler hatte ihn berühmt gemacht,
Weil er die Nazibrut mit falschen Rhythmen aus dem Takt
gebracht.
Die Welt schockiert,
Als Grass mit abgepellter Zwiebelschicht die eigne Wahrheit
offeriert.
"Was gesagt werden muss",
So sein Gedicht zum Schluss.
Dereinst, wie so viele, war auch er verführt,
Doch hat ihn das zutiefst berührt.
Und Reue hat kaum einer wie er verspürt.

14. April:

In Lübeck Treffen der Außenminister von G7.
Lawrow ist der Begegnung, wie erwartet, fern geblieben,
Weil nicht eingeladen,
Weil Russen der Ukraine schaden.
Diese und weitere Krisen in der Welt
Hat man als Themen in den Vordergrund gestellt.
Wenig Hoffnung gibt's auf Resultate
Unter Vorsitz aus dem unsern Staate.
Proteste blieben eher noch verhalten;
Gewaltbereit zum Glück nur ganz wenige Gestalten.

15. April:

Was Europa gegen die Macht
Von Google macht,
Auch das kann man bei Google
Googeln.
Der Monopolist soll in der Online-Schlacht
Eigene Produkte ganz nach vorne mogeln.
Die Kommission sieht darin 'nen Schaden für den Wettbewerb
Und reagiert darauf mit Strafe ziemlich derb.

16. April:

Bei VW ist Winterkorn nun plötzlich angeschlagen;
Piech hat ihn ganz öffentlich düpiert.
Wird in Salzburg ihm der Rücktritt heute angetragen?
Dominator Piech
Gibt als Patriarch
Sich völlig ungeniert.

17. April:

Gewiss soll man gemeinsam trauern können.
Doch muss das immer nur in Kirchen sein?
Kann man Andacht ohne "Gottesdienst" denn keinem gönnen?
Bleibt der, der Wahrheit wirklich sucht, denn stets allein?
Zu loben den, der - allmächtig - hätt's verhindern können,
Kamen in dem Kölner Dom zusammen
Jene, die mit Recht die Antworten darauf verlangen,
Warum der Co-Pilot
Riss ihre Liebsten alle in den Tod?
Zum Schluss für jeden noch ein hölzern Engelein;
Naiv geschnitzt und niedlich klein.
Soll das Ersatz für menschliche Verluste sein?

18. April:

Jahrzehntelange Kämpfe für mehr Bürgerrechte
Stellt TTIP, geheim verfasst, in Frage.
Profitgier macht Demokratie zum Knechte,
Sind Unternehmen erst zum Richten in der Lage.
Dagegen gingen Menschen europaweit heut' auf die Straße,
Ehe Politik gibt ihre Lebensqualität dem Wirtschaftsboss zum
                                                                             Fraße.

19. April:

Wie nur bekommen wir den Flüchtlingsstrom in Griff?
Allein heute: Mehr als 700 tot
Nach Kentern und Sturz aus dem überfüllten Boot.
Mare Nostrum hat man eingestellt;
Das Reich Europa hat dafür kein Geld.

Berlin und Brüssel gebührt nur der Empörungspfiff.

20. April:

FBI - nicht das Gute kämpft hier gegen das Böse,
Sondern das Böse gegen das vermeintlich Böse.
Haaranalysen waren fast immer fehlerhaft;
Brachten viele Mal' Unschuldige in Haft.
Dreißig Mal auch in die Todeszelle,
Trotz Unterschieden in der Biozelle.
Die Hälfte davon schon hingerichtet.
Heut' hat man von diesen Fehlern endlich nun berichtet.

21. April:

In Lüneburg steht Oskar Gröning, 93, vor Gericht.
Bei der SS in Auschwitz ein Mann von geringerem Gewicht.
Doch neu ist, dass dieser erstmals von persönlich' Schuld und
                                                                                     Reue spricht.
Selbst gemordet hat der Mann wohl nicht.
Doch er war ein Rädchen im System, aus heut'ger Sicht.
Tat wissend für die Mordmaschine seine Pflicht.
Für die Opfer entzündet er ein Hoffnungslicht.

22. April:

Benutzt man Sturmgewehr G 36
Im Gefecht einmal sehr fleißig,
So sieht man bald,
Dass Schuss für Schuss daneben knallt.
Davon hat de Maizière in seiner Amtszeit schon gewusst,
Doch erst Waffen-Uschi tut nun was gegen diesen
                                                                                     Schützenfrust:
Das Gerät, das wandert auf den Müll.
Es muss was andres her, kost' es, was es will!
Hoffentlich gibt's dieses Mal Gewähr
Auf das neue Sturmgewehr.

23. April:

Den Flüchtlingsstrom möglichst zu verhindern,
War bisher der Staatenlenker Ziel.
800 Tote, darunter Frauen auch mit Kindern,
Sind nun doch der Opfer viel zu viel.
In Brüssel traf man sich heut' zum Sondergipfel:
Mehr Geld und Schiffe für das Mittelmeer.
Für die in Not ein Hoffnungszipfel;
Doch was wird dann aus dem Emigrantenheer?

24. April:

Während man im Bundestag darüber stritt,
Ob Völkermord zu nennen ist,
Was Türken hundert Jahr' zuvor an Armeniern verübten,
Erfolgte in Darmstadt im Fall Tugce der Prozessauftritt
Des Jungen, der an ihrem Tod wohl schuldig ist.
Tränen beim Geständnis seine Augen trübten.

25. April:

In Nepal heut' die Erde bebte,
Wie schon seit hundert Jahren wohl nicht mehr.
Gar mancher diese Katastroph' nicht überlebte;
Am Everest betroffen wohl ein ganzes Alpinistenheer.
Doch am schlimmsten traf's die Armen in den Städten;
Vor Furcht sie sich vorerst nun draußen betten.

26. April:

Nepal -
Ständig steigt die Opferzahl
In Asiens ärmstem Land.
Die Zahl 3000 wurd' zuletzt genannt.
Doch aus den meisten der Regionen
Kommt gar nichts an Informationen.

27. April:

Sechs Hubschrauber gibt es in dem armen Land;
Die fliegen betuchte Kraxler aus der Felsenwand.
Die Versicherungen zahlen dafür schnelles Geld;
Hilfe für die isolierten Armen wird so lang zurückgestellt.
So die Kritik am dritten Katastrophentag,
An dem die Korrektur der Opferzahl immer noch nicht enden
                mag.

28. April:

Klar ist Drogenhandel niemals Kavaliersdelikt,
Doch bleibt's barbarisch, wenn man dafür Menschen in den Tode
                schickt.
Indonesien ist ein solches grausam handelnd' Land,
In dem ein achtfach staatlich Mord heut' meine Abscheu fand.
Kann man mordend' Staaten in humane Schranken weisen?
Längst schon beschloss ich, diese Länder nicht mehr zu
                bereisen.

29. April:

De Maizière steckt in Erklärungsnot.
Hat der BND für die NSA nun spioniert?,
Fragen Europas Journalisten int'ressiert.
Er hat's neulich noch verneint, wurd' nicht mal rot,
Bringt jetzt "Geheimnisschutz" ins Aufgebot.
Gegen Frankreich, Industrie und Europas Kommission
Spielte mutmaßlich Pullach den Spion.

30. April:

Ein islamistisch' Paar wurde heute festgenommen.
Einen Anschlag hätten sie geplant.
Auf ein Radrennen, so ist es durchgeronnen;
Man hat zur Absage nun gemahnt.
Rohrbombe und Waffen wurden im Haus des Paars gefunden.
Dies Jahr nun dreht man rund um Frankfurt keine Runden.

Mai

1. Mai:

Baltimore stand vor dem Bürgerkrieg;
Polizeigewalt war wieder mal der Grund.
Freddy Gray erfocht posthum nun einen Sieg:
Anklage wegen Totschlag und auch Mordbefund.

2. Mai:

Tolle Nachricht aus der Regenbogenwelt:
Die Geburt von einer Tochter wurde festgestellt
Bei Prinz William und seiner lieben Kate,
Stolz präsentiert heut' an des Palastes Gate.
Vorläufig läuft sie unterm Namen *Royal Baby Two*.
'nen richt'gen Namen kriegt sie später noch dazu.

3. Mai:

Alle Räder stehen still,
Wenn GDL-Chef Claus Weselsky das so will.
Sein privater Krieg gegen die Deutsche Bahn
Legt für 'ne knappe Woche die meisten Strecken wieder lahm.
Sollt' ich das unzuverlässigste Verkehrsmittel benennen,
Wär' die Bahn endlich mal wieder ganz weit vorn im Rennen.

4. Mai:

Durch Nepal und Weselsky fast vergessen,
Strömen nach Europa unterdessen
Menschen immer noch in Scharen.
Lampeduser müssen Überlastung offenbaren.
Europa hat Rettungshilfen aufgestockt,
Doch fehlt's an Lösungen, wenn die Schiffe haben angedockt.

5. Mai:

Zoran fegte über Norddeutschland.
In Bützow ist nichts mehr, wie es war.
Solche Nachricht man sonst nur aus den Tropen fand;

Die Kraft des Windes - einfach unfassbar.
Auf YouTube kann man deutlich sehen,
Wie auch hierzuland' Tornadowirbel drehen.

6. Mai:

Die Gefahr von rechts nimmt weiter zu.
Oldschool Society nennt sich eine neue Gruppe.
4 verhaftet, 2 vorgeführt beim Bundesanwalt in Karlsruh';
Man vergleicht schon mit dem Potential der NSU.
Gegen Salafisten, Asylanten agitiert ganz offensichtlich diese
Truppe.

7. Mai:

Wer residiert in Downing Number Ten?
Wird's Ed Miliband oder wieder Cameron?
Die Briten gingen heute all zur Wahl;
Unklar noch, wer sich am besten als Premier empfahl.
Die kleinen Parteien werden Zünglein an der Wage
Und entscheiden mit bei der Bewohnerfrage.

8. Mai:

Cameron muss sich das Haus mit keinem teilen,
So viel ist seit heute klar.
Doch man erwartet, dass die Briten aus Europa eilen;
Der Premier bot dazu ein Referendum dar.
In Schottland sind die Nationalisten klare Sieger.
Auch hier kehrt das Thema Austritt wohl bald wieder.
Doch will Sturgeon aus dem Königreich,
Nicht auch aus der EU sogleich.

9. Mai:

Während Russland feiert seinen Sieg
Über Hitlerdeutschland in dem großen Krieg
Fast ohne Gäste
In militärisch großem Feste,
Stürzt ein Airbus 400 M in Sevilla ab.
Das neue militärisch' Fluggerät

Sorgt für Sorgen bei dem Airbus Führungsstab
Und so mancher schon zum Storno rät.

10. Mai:

Die breite Mehrheit, die blieb still:
Nichtwähler sind in Bremen *an der Macht*.
Der Wahlsieger auch nicht lächeln will;
SPD - die klare Überlegenheit ist eingekracht.
Es feiern FDP, Linke und die CDU;
Eventuell die AfD kommt auch dazu.
Grüner Optimismus wurde auch etwas gedämpft;
Für Fortsetzung Rot-Grün hat man gekämpft.

11. Mai:

Trotz Wahlsieg nun zurückgetreten:
Jens Böhrnsen verzichtet auf sein Amt.
Wer wird in Bremen nun zum Bürgermeister wohl gebeten?
Es ist bei der SPD noch nichts bekannt.
Überraschend kam's, das ist wohl klar,
Doch für benötigt Neuanfang er scheint's auch nicht der Richt'ge
war.

12. Mai:

Die Toten sind noch nicht vollständig geborgen,
Da bebt die Erde heut'
Erneut.
In Nepal sind die Menschen wieder voller Sorgen,
Grad hat man das Schlafen länger nicht gescheut
Im Gebäud,
Doch jetzt erneut.

13. Mai:

Eine Quote soll das Flüchtlingsproblem in der EU nun lösen:
Aus Bürgerzahl und Wirtschaftskraft will man Pflichten neu
verlesen.
5 Länder trugen bisher fast allein die Last;
Die Solidarität der andern 23 wird nun erzwungen angepasst.

14. Mai:

Den Karlspreis erhielt in diesem Jahr -
Martin Schultz - mitten unter seiner eignen Völkerschar.
Er hat erreicht, dass Europa länger nicht sich kleiner redet,
Sondern andern Mächten nun auf Augenhöh' begegnet.

15. Mai:

In Massachusetts besteht formal für die Todesstrafe ein Verbot.
Dennoch verurteilt eine Jury den Bostonattentäter heut' zum
                                                        Tod.
Wegen Terror wurd' nach Bundesrecht gerichtet;
Nicht einmal jugendliches Alter des Zanarjew hat man da
                                                      gewichtet.
In Boston sind die meisten gegen diese Strafe;
Doch besteht die staatlich' Rachsucht weiterhin auf dieser
                                                      Waffe.

16. Mai:

In Ägypten steht es schlimmer noch;
Tod für Mursi und hundert der Getreuen.
Folternd erreicht man jed's Geständnis doch,
Das gehört schon seit dem Mittelalter nicht zum Neuen.

17. Mai:

Immer öfter treibt unvorstellbar große Not
Afrikanisch' oder südostasiatisch' Menschen in ein
                                                      Flüchtlingsboot.
Viele sterben, viele landen auch mit Hoffnungsschimmer.
Wer die misshandelt, ist wie ein Schleuser - nein - noch
                                                      schlimmer!
In Hannover wurd' ein solcher Fall bekannt;
Polizistentat erschüttert nun auch unser Land.

18. Mai:

Die Alternative für Deutschland:
Keine Alternative sieht Bernd Lucke zur Spaltung der Partei.

Kein Mittel gegen Unterwanderung von rechts er fand,
Daher ist die Ära AfD für ihn wohl bald vorbei.
Gründen will er dann eine Alternative zur Alternative.
Dass er damit punkten kann, glauben sicher nur Naive.

19. Mai:

Weselsky ist an einen Punkt gelangt,
An dem man um seinen Ruf nicht länger bangt.
Als Buhmann der Nation
Muss er mit Streiks nicht länger drohn.
Er hängt einfach einen weitren dran,
Und schon läuft nichts mehr bei der Deutschen Bahn.
Dass der Bürger 14täglich drüber stöhnt,
Auch daran hat man sich jetzt schon gewöhnt.

20. Mai:

Orthographie muss man, scheint's, nicht wirklich können,
Lehrt man Deutsch an deutschen Pennen.
Es steht in Kiel nun eine Frau vor dem Gericht,
Welche das Lehr-Examen hatte niemals nicht
Und dennoch jahrzehntelang vor Schülern stand,
Ohne dass dieses wurd' den Schul'n bekannt.

21. Mai:

Nun ist ein Wunder doch geschehen:
Bahn und GDL heut' in die Schlichtung gehen.
Hat der *Bahnsinn* nun ein Ende?
Kurz vor Pfingsten freut das Volk die Wende.

22. Mai:

Die Tarifeinheit ging heute durch den Bundestag.
Eine kleine Gewerkschaft dies nun gar nicht mag.
Bringt das Gesetz ihr doch Bedeutungslosigkeit;
Deshalb von den Kleinen letztens so viel Streit -
Und Streik.

23. Mai:

Irland von der Priesterschaft emanzipiert:
Die Homo-Ehe wird jetzt eingeführt.
Die weltweit erste Volksabstimmung dieses nun diktiert.
Die Kirche fühlt sich arg düpiert.
Die Gesellschaft hat für Freiheit in Europa ein Paket geschnürt.

24. Mai:

Freiburg und Paderborn sind aus der 1. Liga abgestiegen;
Auch beim ESC kommt deutsche Hoffnung zum Erliegen:
Während Schweden scheint's begeistert diese Welt,
Weder Ann-Sophie noch Österreich 'nen einz'gen Punkt erhält.

25. Mai:

Die Schweiz startet einen Überraschungscoups,
Indem sie Verdächtige an den Steuerpranger stellt.
Vor der Öffentlichkeit macht sie das Steuerparadies nun zu;
Keine Chance mehr für die Parker von dem Schwarzen Geld.
Jeder kann nun in dem weltweit off'nen Internete lesen,
Wer vielleicht Probleme hat mit seinem heimatlichen
                                                Steuerwesen.

26. Mai:

Merkel scheint in Schwierigkeiten,
Denn schon 2013 ließ Pofalla mal verbreiten,
Dass die USA länger hier nicht spionieren wollten.
Doch das der Wahrheit wirklich nicht entsprach,
Weshalb Oppositionelle heute nun die Führung scholten.
Aber Merkels Stil sowas nicht grade brach.

27. Mai:

FIFA-Funktionäre in der Schweiz verhaftet.
Doch warum ist der Blatter-Sepp denn wieder nicht dabei?
Es scheint, dass er auch *den* Skandal erneut verkraftet;
Dabei trägt Verantwortung doch er für jede große
                                                Fußballschweinerei?

Ob WM in Russland oder auch Qatar -
Ohne Blatter-Korruption? - Fast undenkbar!

28. Mai:

In deutschen Kindergärten gibt's seit Wochen schon 'nen Streik.
Doch statt sich zu grämen, antworten die Kommunen eher mit
'nem "Like".
Kassier'n sie so doch von Eltern die Gebühren
Und haben die als Löhne nicht gleich schon wieder abzuführen.
Doch jetzt reicht's den Eltern und dem Personal.
Beide Gruppen demonstrieren gegen dieses amtlich'
"Scheißegal".

29. Mai:

Blatter bleibt im Amt,
Auch wenn ihn die Fußballwelt dafür vedammt.
Hat er wirklich alle Korruptionsbeweise fortgeschafft,
Oder find' sich doch noch was, worüber man ihn später noch
verhaft'?

30. Mai:

Wolfsburg ist der strahlend' Sieger
Des DFB-Pokales in Berlin.
Dennoch sieht man Jürgen Klopp nur immer wieder,
Weil er in Dortmund wirft das Handtuch hin.
Eine ruhmreich' Ära endet heut' bei den Borussen
Doch den Sieg hat King Heckings Truppe nun genossen.

31. Mai:

Assad ist schlimm,
Der IS noch schlimmer.
Wieder Bomben vom Regime.
Zivilistentod noch immer.
Wer hier nicht fand den Tod,
Leidet nun als Flüchtling große Not.

Juni

1. Juni:

Ein Tor musst' her;
Der Dino tat sich furchtbar schwer.
Stattdessen Gegentor;
Der Stopp der Ew'gen Uhr stand kurz bevor.
Der Ausgleich in der Nachspielzeit -
Zu noch mehr Kampf war Hamburg endlich jetzt bereit.
Verlängerung brachte schließlich den Entscheid,
Dass der HSV noch einmal in der Ersten Liga bleib.
Der Fußballfan - der weiß es schon:
Gegen Karlsruhe - Relegation.

2. Juni:

Nun gibt Blatter seinen Rücktritt doch bekannt.
Vier Tage war er seit der Wiederwahl im Amt.
Die Kritik hat ihn, scheint es, doch arg angespannt.
Ab November sei sein FIFA-Posten dann vakant.

3. Juni:

As Sisi aus Ägypten in Berlin.
Der Diktator ist nicht grade gern gesehen.
Muss einige Kritiken überstehen.
Eine Frau reißt zu *Mörder*-Zwischenruf sich hin
Am End' der Pressekonferenz.
Es entsteht einiges an Turbulenz.
Nichts wird so, wie es für as Sisi zunächst schien.

4. Juni:

In Schloss Elmau, nahe Zugesspitze,
Bald ein Treffen der G7 Führungsspitze.
Dagegen protestieren heut' in großer Hitze
Viele Bürger mit Prominenz an Zuges Spitze.
TTIP und TiSA empfinden sie wohl kaum als Witze.
Zwanzigtausendmal in Kampfanzug der Polizist nun schwitze.
Er hält bereit die Wasserspritze.

5. Juni:

Auf Schloss Elmau, dort in Bayern,
Ist niemand recht nach Feiern.
Putin geistert durch den Hinterkopf
Und Tsipras kriegt man nicht vom Eurotropf.
300 Millionen hat man ausgegeben,
Damit der G7-Geist kann weiterleben.

6. Juni:

Zum letzten Male nun
Ist Winnetou gestorben.
In den Ew'gen Jagdgründen wird Pierre Brice jetzt mit ihm
ruh'n.
Auch mein Kaninchen tot - fühlt es sich dorten *auch* geborgen?
Oder muss das Beutetier dort ew'ge Beute bleiben
Und beginnt jetzt erst sein unaufhörliches Gejagtenleiden?

7. Juni:

Weit unter Deutschlands höchstem Gipfel
Tagt seit heut' G7 auf seinem eig'nen Gipfel.
Der Krach mit Putin hat sich darob zugespitzt,
Weil er diesmal nicht mit unter unsrer Zugspitz sitzt.

8. Juni:

Auf der langen Bank von Elmau saßen sie nur droben
Und haben auf dieselbe wirklich nichts verschoben.
Überrascht ist man von den guten Klimazielen,
Welche durch Entcarbonisierung auf die Grenze von 2 Grad nun
schielen.
G7 hat in diesem Falle was gebracht.
Man ist gespannt, ob's mal wieder wird G8.

9. Juni:

Über Ingeborg Syllm-Rapoport
Gab es bisher nur weniges an Newsreport.
Doch das hat sich heut' geändert:
Die Dame ist schon 102
Und geistig top dabei.
Bekam ihren Doktortitel endlich jetzt verliehen,
Nachdem sie vor den Nazis musste vor der mündlich' Prüfung
fliehen.
Die Urkunde - natürlich goldgerändert.

10. Juni:

Als Bremer Stadtmusikant
Wurde Hans Last zuerst bekannt..
Dann zog er durch das ganze Land
Und man hat den Hans bald James genannt.
Zum *Happy Sound* gab den Takt die lock're Hand,
So stand er im TV stets dem Betrachter zugewandt.
Vor kurzem er noch seinen Abschied nahm;
Überraschend schnell nun für ihn das Ende kam.

11. Juni:

Da will uns einer belehren,
Wie man sich vor Hackern schützt.
Doch kann der sich selbst nicht wehren,
Wenn ein Geheimdienst seine Daten nützt.
Der Bundestag just heute ein Gesetz beschloss,
Dass, wer sich nicht schützt, soll zahlen.
Doch grad auf ihn der Feind nun seinen Virus schoss,
Der verursacht tausendfache Qualen.

12. Juni:

Die Iren haben einiges wohl losgetreten.
So hat mehrheitlich der Bundesrat den Bundestag gebeten,
Die Homoehe zuzulassen.
Nur die CSU - die kann' s nicht fassen.

13. Juni:

Ein Feiertag für Royalisten.
In Stockholm säumten Tausende Statisten
Den Hochzeitsweg Carl Philips und von bürgerlich' Sophia.
Auch bei Queen's Geburtstagsfeier traf sich die Crème der
                                                                       Schickeria.

14. Juni:

Der Grexit ist in aller Munde.
In Brüssel platzte die Verhandlungsrunde.
Selbst Juncker hat die Schnauze voll;
Die Griechen treiben's gar zu toll.
Am Monatsend' das Land nun vor der Pleite steht.
Für Reformen ist's jetzt gar zu spät.
Sie hoffen auf die letzte Spielerkarte
Und glauben, dass Europa die bedingungslose Rettung starte.

15. Juni:

Nächste Runde im Familienstreit:
Gegen die Clintons steht für Bushs jetzt Jeb bereit.
Will werden dritter Präsident in der Familie
Und Hausherr in Washingtoner Weißer Immobilie.
Wie viele Menschenleben wird das diesmal wieder kosten,
Wenn ein Bush sitzt auf Orbis höchstem Posten?

16. Juni:

Im Fall Tugce wurde das Urteil heut' gesprochen.
Wahrheit hatte sich tief hinter dem Vorurteil verkrochen.
So war Tugce nicht so gut, wie die Medien sie gemacht,
Und Sanel nicht so schlecht, wie die Presse ihn herausgebracht.
Drei Jahre hielten die Richter nun für angemessen.
Das ist zuviel, das ist zu wenig, diskutieren die Parteien
                                                                       unterdessen.

17. Juni:

Einst Tag des Aufstands in der DDR,
Dann Schönwetterfeiertag der BRD,
Vergessen fast seit dem Fall der Mauer,
Tut ein Russe unsrer Freiheit wieder weh:
Putin will ein neues Arsenal Atomraketen;
Hat damit zurück zum Kalten Krieg gebeten.

18. Juni:

Europa ist gegen Dobrindts Maut gerichtlich vorgegangen.
Damit ist zunächst sie wohl gestoppt.
Wegen Diskriminierung könnt' man Änderung verlangen;
Auch unter Deutschen hat das Vorhaben eher doch gefloppt.

19. Juni:

"Wir sollten wieder einen Dialog hinbekommen -
Mit Erwachsenen im Raum".
Ernsthaftigkeit hat Christine Lagarde dem neuesten
                        Griechenschreiben nicht entnommen.
Für Varoufakis wurd's zum Albentraum.
Die Bürger holen ihre Euros vorsorglich aus der Bank.
Manches griechisch' Geldhaus ist jetzt schon blank.

20. Juni:

Weltflüchtlingstag -
Mit Zahlen, die keiner wirklich hören mag.
Die meisten suchen Unterschlupf auf dem eigenen Kontinent.
In Europa: Streit um das relativ geringe Kontingent
Derer, welche uns erreichen wollen
Und sich dazu begeben auf mörderische krängend Jollen.

21. Juni:

Vor dem drohenden hellenisch' Untergang
Telefonierte Tsipras mit Europa stundenlang.
Scheinbar bietet er nun weitere Reformen an,
Womit er sein Land vielleicht noch retten kann.

22. Juni:

Zugeständnis in kleinen Dosen aus Athen?
So recht können die Eurowächter das nicht seh'n.
Ein Sondergipfel mit den Staatschefs tagte nun zu dem Thema.
"Flugmeilenverschwendung" - nennt der Finne das Dilemma.
Trotzdem verhalt'ner Optimismus in den Euroländern,
Dass das Scheitern man bis Freitag noch könnt' ändern.

23. Juni:

Die Queen ist in Deutschland zu Besuch.
Heute Morgen in Berlin gelandet,
Wie gewohnt mit Hut und schrill gewandet,
Mal in lila, mal in blauem Tuch.
Im Athlon hat sie 'ne teure Suite gefunden
Und genießt bis morgen noch mit Philipp ein paar freie Stunden.

24. Juni:

Die Queen
In Berlin,
Und Cameron schwimmt mit
Im Sympathienglück.
Das EU-Referendum droht,
Da soll Merkel helfen aus der Not.
Beide werben für den Verbleib
Und dafür, dass Brüssel für Reformen sei bereit.

25. Juni:

Dem IS gehen, scheint's, die Frauen aus.
Kein Wunder, behandelt man sie so mit Graus.
Jetzt werden deutsche Mädchen arg umworben
Von hier sich wegzustehlen
Und bedingungslos zu gehorchen den Befehlen
Der unsagbar arg brutalen Horden.

26. Juni:

Islamisten sind zum Morden da.
Sonst gefall'n sie nicht mehr ihr'm Allah.
Manche andre Geisteskrankheit, die kann man heilen,
Doch dieser muss man wohl den Stempel *Hoffnungslosigkeit*
                                                                   erteilen.
In Sousse starben heut' sehr viele Menschen;
In Lyon tat einer einen Unschuld'gen lynchen.
Selbst im islamischen Kuwait
Haben sie die Menschlichkeit entweiht.

27. Juni:

Statt Kompromiss nun Referendum -
Und zwar erst Tage *nach* dem Ultimo.
In Europa ist man einig: das war dumm!
Nicht abwägbar das Risiko.
In Panik nun die Griechen an die Automaten strömen;
Schon vielen kann man keine Euros mehr entnehmen.

28. Juni:

Die Verhandlungen sind abgebrochen,
Hellas Banken bleiben nächste Woche zu.
Von Grexit wird wie selbstverständlich schon gesprochen;
Vor diesem Thema gibt es keine Ruh'.
Die Volksabstimmung ist beschlossen,
Doch man fragt sich halt - wozu?
Aber Tsipras glaubt ganz unverdrossen,
Damit kriegt vom Eis er noch die Kuh.

29. Juni:

Schulz und Juncker sprechen von Verrat,
Den Tsipras hat am eignen Volk begangen.
Der heut' sein Schicksal ans Referendum angeknüpfet hat
Und tat vom Volk ein *Nein* verlangen
Zu der Frage, ob es dem Gläubigerdiktat sich neige.
Die Rate morgen wohl das Land dem IWF verweigre.
Damit ist die Pleite da.

Wir werden seh'n, wer am Sonntag dann noch schreit *Hurra*.

30. Juni:

"Rien ne va plus",
Heißt es heut' um Mitternacht?
An Roulette hat Tsipras wahrlich dabei nicht gedacht.
Auch Varoufakis wohl noch immer lacht.
Selbst unter Druck mit Maximal-Atü
Lassen sie die Hosen noch nicht runter,
Sondern bluffen weiter, munter.
Poker heißt ihr Spiel.
Und ihr Ziel?
Dass Griechenland mit schlechtem Blatt
Aus Europa größten Nutzen hat.

Juli

1. Juli:

Nach so viel Leid durch Grexit
Nun für Deutschland auch ein Exit:
Uns're Frauen sind im Halbfinale rausgeflogen;
Der Fußballgott war den Spielerinnen aus Amerika gewogen.
Aus deutscher Sicht ein Null zu Zwei.
Wenn man verliert, findet man kaum Gerechtigkeit dabei.

2. Juli:

Die Kohleabgabe ist dahin;
Alte Werke soll'n jetzt nach Gutdünken schließen.
Windkraft nach Bayern in die Erde rin,
Damit man dort die Landschaft mastfrei kann genießen.
Die Wende produziert vor allem Kosten;
Der Strompreis weiter steige im Westen wie im Osten.

3. Juli:

Mit Charles Lindbergh lässt sich durchaus vergleichen,
Was mit *Solar Impulse 2* der Schweizer Borschberg tat
erreichen:
Nur mit Sonnenkraft von Japan bis Hawaii -
Das brachte einen neuen Weltrekord herbei.

4. Juli:

Die Hitze ist zurzeit das Thema.
Mancher Orten über 40 Grad.
Das Wetter zeigt Extrema;
In welcher Katastrophe das nur wieder enden mag?

5. Juli:

Die Griechen haben abgestimmt:
Sie folgen Tsipras' "Nein!"
Doch, dass sich ihre Lag' damit noch mehr verschlimmt,
Kalkulierten viele wohl nicht ein.

Das Land ist pleite,
Das Eurogeld ist aus.
War das Referendum wirklich das Gescheite,
Das aus der Krise führt hinaus?

6. Juli:

Der deutsche Poststreik geht zu Ende.
Varoufakis tritt zurück.
Tsipras hofft ab jetzt allein auf Geberwende.
USA - die Frauen sind im Fußballglück.
Das sind die heut'gen Schlagzeilen im Überblick.

7. Juli:

Will man Freiheit hierzuland' verteidigen,
So schränkt man zunächst dieselbe ein.
Das war für jene, die als Innenminister sich ließen jüngst
                                      vereidigen,
Das Pflichtprogramm im Terrorschutzverein.
Das BKA, das gehört nun mal dazu.
Drum möcht's auch horchen, spionier'n und überwachen.
Das neu' Gesetz lässt ihm das reichlich zu,
Doch schaut das BVG, dass sie nicht allzu triumphierend lachen.

8. Juli:

Die AfD, die teilt sich auf,
Wird wohl bald vom Horizont verschwinden.
Der Bernd Lucke, der ist übel drauf,
Kann gegen Petri seine Niederlage nicht verwinden,
Ruft seine Fans zum Austritt auf.

9. Juli:

Letzte Chance Nummer X für griechische Reformen
Hat Tsipras noch am Abend eingereicht.
Danach Vergleich mit Europas Währungsnormen,
Ob sich wieder mal ein Fehlerchen einschleicht.
Nicht nur hier kann man es kaum noch hören,
Auch die Griechen ihre Götter längst beschwören.

Mancherorts ist man zum Tauschgeschäft zurückgekehrt;
Ein sinnvoll's Mittel, wenn dem Staat die Pleite ist beschert.

10. Juli:

Ein bisschen Häme sei erlaubt,
Wenn ein Hacker nun auch Amerikanern sensible Daten klaut.
So gescheh'n vor ein paar Wochen;
Die Beziehungen zu China sind leicht angebrochen..
Millionenfach hat man Staatsbeamte ausgespäht
Im Lande derer, welche solch' Vergehen haben selber ausgesät.

11. Juli:

Wen hat Tsipras am Ende eigentlich verarscht?
Die Gespräche mit den EU Finanzministern heute sind
                                                                          verharscht.
Keiner traut dem Griechen mehr;
Kommt er doch wieder mal mit neuen Reformen jetzt daher,
Welche die Griechen im Referendum striktest hatten abgelehnt.
Nach seiner Empfehlung - das sei am Rande nur erwähnt.
Regieren tut Alexis neuerdings mit Hilfe der Opposition
Gegen die linke Mehrheit seiner eigenen Fraktion.
Schäuble und Europas Norden merklich angepisst;
Hat die "Isch over" Fahne wieder hoch gehisst.

12. Juli:

"El Chapo" Guzman erneut und spektakulär entfloh'n;
Durch einen Tunnel in der Dusche entkam der Drogenbaron.
Ganz Mexico verflucht ihn als 'nen Hundesohn.
Nur wenig besser kommt Alexis Tsipras rüber,
Der auch heute erhitzt in Brüssel die Gemüter.
80 neue Milliarden oder Bruch in Europa - was wäre da wohl
                                                                          übler?

13. Juli:

17 Stunden Verhandlungsmarathon.
Am End' ein tragend' Kompromiss.
Kommt Griechenland denn glimpflich nun davon?

Syriza steht vor Zerriss.
Mehrwertsteuer hoch,
Rentenalter weit verschoben,
Privatisierung stopft das Schuldenloch,
Die Wege aus der Krise sind verschroben.

14. Juli:

Nicht nur mit den Griechen wurd' man sich einig,
Auch mit dem Iran gab es heute 'nen Vertrag.
Der Weg dorthin war lange steinig,
Doch jetzt an Atom-Verzicht man langsam glauben mag.
Auch "New Horizons" nähert sich an Pluto an;
Ab September man dann scharfe Fotos wohl bewundern kann.

15. Juli:

Mit 94 nochmal 4 Jahre in den Knast?
Oskar Gröning wirkte dabei doch gefasst.
Das Gericht ging über des Staatsanwaltes Antrag noch hinaus,
Denn Schuld trägt jeder, der mitwirkte am Nazigraus.
Den Opfern scheint Genugtuung gegeben;
Klar noch nicht, ob der Greis wird wirklich hinter Gittern leben.

16. Juli:

Ist es mit dem Charme der 50er nun bald vorbei?
Steinmeier besucht heut' Kuba.
Doch nicht nur Charme, auch Menschenrechtesbrecherei
Herrscht bis dato unter Castros Knuta.
Kubaner hoffen auf den Fortschritt peu a peu,
Wollen Internet und Handys und auch endlich neue PKW.

17. Juli:

Die Zahl der Kirchenschäflein sinkt.
Auch Franziskus eine Trendumkehr da wohl eher nicht gelingt.
Realitäts- und Weltfremdsein -
Naive Bildchen mit dem Heiligenschein -
Immer mehr hier spar'n sich diesen Glauben
Und lassen sich durch Pfaffen länger nicht berauben.

18. Juli:

Die Islam-Faschisten des IS
Wüteten auf Bagdads Markt.
Endlos ist untern'ander wohl der Hass,
Der mit jedem Kampf erneut erstarkt.
Es starben 120 der Schiiten,
Gemordet kalt "aus Rache" von Sunniten.

19. Juli:

"Ein Einwanderungsgesetz muss es bald geben",
So SPD-Fraktionschef Oppermann.
Es könne nicht sein, dass man Menschen, die hier schon leben,
Trotz Bedarf und guter Bildung erneut verjagen kann.
Man fordert ein schnelleres Bleiberecht durch Blue Card;
Schließlich ist die Konjunktur schon lang in voller Fahrt.

20. Juli:

Fall Zschäpe: zweihundertzwanzigster Verhandlungstag.
Banküberfälle, Bomben und zehn Morde;
Sie allein noch übrig aus der Terroristenhorde.
Ihre Verteidiger sie längst schon nicht mehr mag.
Die drei haben ihren Rücktritt heute eingereicht,
Doch hat sich das Gericht dazu nun nicht erweicht.
Abgeschmettert der Antrag.
Sonst stünde der Prozess wohl insgesamt in Frag.

21. Juli:

Das Betreuungsgeld ist nun gescheitert.
Karlsruhe sagt, den Bund geht das nichts an -
Weil so etwas ein Bundesland nur machen kann.
Den Seehofer dies nun nicht grad erheitert;
Doch in Bayern wird's jetzt erst recht erweitert,
Damit das CS vorm U auch gut erkenne man.

22. Juli:

Angesichts der Flüchtlingsströme und der Not
Ist wohl zu überdenken das Dubliner Gebot,
Wonach Asylantrag ausschließlich dort man stellt,
Wo man ist gestrandet in der Hoffnungswelt.
Der arme Süden ist damit lang' schon überfordert
Und hat Hilfe aus dem reichen Norden oft vergeblich dort
                                                    geordert.

23. Juli:

Planeten sind nicht selten,
Das hat die Sonde Keppler klargemacht.
Doch erdähnliche gibt es nur in fernen Welten,
Eine Neuentdeckung wurde jetzt gebracht:
Keppler 425b ist der Erde Vetter,
1400 Jahr' des Lichts entfernt.
Vielleicht gibt's auf ihm ein Wolkenwetter;
Dass er größer ist und älter, haben wir gelernt.

24. Juli:

Jetzt bomben Türken auf den IS
Und setzen dennoch NATO unter Stress,
Denn auch die PKK gehört zu ihren Zielen,
Welche hierzulande eher unter *verbündet* fielen.

25. Juli:

Groß ist die Empörung gegen Erdogan,
Doch der sieht sich das halt so gelassen an,
Wie nur ein Großkotz seines Formates so was kann.
Pufferzone gegen den IS sich lobenswert verschaffen
Und zugleich die Kurden killen mit denselben Waffen.
Friedenschancen auf Dekaden neu verpaffen.

26. Juli:

Habari Sedo - Wie geht es euch?
Obama kommt an im Lande seiner Väter.
Gleiches Recht für alle, dafür legt er sich ins Zeug,
Nicht irgendwann und auch nicht so viel später.
Mugabe greift er an und reicht dem Mann die Hand,
Will Kooperation, nicht dass er ihn dränge mit dem Rücken an
                                                      die Wand.

27. Juli:

In Frankreich ist man mächtig sauer
Auf die Konkurrenz durch den deutschen Bauer.
Les fermiers sind auf den Barrikaden:
Aus Allemagne kommt nichts mehr in den Laden.
Zu billig wird in diesem Lande produziert
Mit Erntehelfern, aus dem Osten einmarschiert.
Gleicher Lohn dans toute L'Europe
Fordert der Franzose ganz salopp,
Denn er sorgt sich um den Job.

28. Juli:

Die Bahn - zu teuer und oft nicht da, wo man sie braucht;
Darob so manches Vorstandsköpfchen raucht.
Der Gewinn dramatisch eingebrochen;
Irgendwie hat man's nach Streik und schlechtem Wetter schon
                                                      gerochen.
Die Konkurrenz durch den fern fahrend' Reisebus
Sorgt für noch weiteren Verdruss.

29. Juli:

Statt zu öffnen Herzen
Und Offerieren von mehr Menschlichkeit,
Bereiten Briten noch mehr Schmerzen
Denen, welche doch nur suchen Sicherheit.
Zu Tausenden belagern sie den Eurotunnel,
Die Syrer, die nicht wissen ein noch aus.
Viele sterben, trotz verstärktem Medienrummel,

Bei der Reise aus und in den Graus.

30. Juli:

Auf Réunion wurd' angeschwemmt
Ein Flügelteil von MH 370, lang vermisst.
Den Absturzort bislang noch niemand kennt,
Doch dies ein erster Hoffnungsschimmer ist.
Im Winter 14 verschwand die 777 vom Radar;
Vielleicht auch hier ein Flugzeuglenker Täter war?

31. Juli:

Netzpolitik.org, so heißt die neu'Affär,
Mit der sich nun der Bundesanwalt tut sehr schwer.
Ermittlung hat er eingeleitet
Wegen Verrat des Landes.
Die Sache hat sich ausgeweitet
Als Skandal des obersten Juristenstandes.
Die Pressefreiheit ist bedroht -
Der Rücktritt Ranges sei jetzt das Gebot.

August

1. August:

Mutti Merkel will noch länger an der Spitze bleiben;
Wer einmal an der Macht geschnuppert, lässt sich nur schwer
vertreiben.
2017 tritt sie wieder an zur Kanzlerwahl;
Wer das nicht will, der mach sein Kreuz woanders mal!

2. August:

Die Reps = Unvernunft setzt sich zur Wehr,
Denn Obama kommt mit neuem Klimaschutz daher.
Die Werke für den Kohlestrom, die will er schließen,
Stattdessen soll mehr Energie aus Wind und Sonne sprießen.
Wie kann man sich dagegen lehnen?
Dummheit ist nur schwer zu lähmen!

3. August:

Auf 8 Milleniumsziele hatten sich die UN geeinigt - im Jahr
2000.
Schlimmste Defizite zu halbieren - geschafft! - so hört man
staunend.
Heute wurden 17 neue Ziele formuliert
Und von 193 Staaten auch guttiert.
Armut soll es bis Zwanzigdreißig nicht mehr geben,
Auch soll künftig niemand ohne Bildung leben.
Diesem Staatenmonster hat man das nicht zugetraut,
Doch kann man viel erreichen, wenn man auf die
Gemeinsamkeit der Menschheit baut.

4. August:

Am Morgen hat Range Maas geregelt.
Das hat Maas als Anmaßung gewertet,
Dann das Recht neu eingepegelt
Und Ranges Rang rasch eingeerdet.

5. August:

Wieder ist ein Flüchtlingsboot
Vor Libyen versunken.
Niemand weiß, wie viele sind ertrunken,
Weit über 2000 in diesem Jahr schon tot.
Doch das Meer
Gibt manchmal auch Vermisstes wieder her:
Die Untersuchung nun Gewissheit bot -
Die Klappe vom malaysisch' Unglücksflug - eine Info mit
                                                                         Gewähr.

6. August:

Putins Ruf - im Ausland längst schon ruiniert,
Jetzt auch noch im Inland er die eig'nen Leute arg schockiert:
Tonnenweise beste Lebensmittel er vernichtet,
Weil er westlich' Lieferungen als Beleidigung gewichtet.
Die, die hungern, sind empört
Und merken langsam auch: Der Mann, der ist gestört!

7. August

Die Vernunft steht in Amerika vor jeder Wahl arg auf der Kippe.
Mal stellt sie den Präsidenten,
Mal schafft es der republikanische Idiot.
Donald Trump ist diesmal dort der besonders hippe;
Die Welt, die läuft Gefahr, sollten allzu viele sich nun zu ihm
                                                                          wenden;
Einen solchen Präsidenten
Abzuwenden,
Ist dringendes Gebot.

8. August:

James Holmes muss lebenslang nun hinter Gitter
Für Massenmord im Cinema.
Die Angehörigen empfinden es als bitter,
Dass er entgeht dem Tode gar.
Ein Juror blieb unbeugsam
Und legt das US-System der Rache lahm.

9. August:

In Ferguson ist Jahrestag;
Erst Freitag gab es wieder eine ähnlich' Tat.
Der Rassismus lang nicht überwunden,
Davon inzwischen viele Taten kunden.
Auch in Nagasaki heut' Gedenken,
Auf das vor 70 Jahr'n Amis das Schlimmste taten lenken.

10. August:

Die Kommunen klamm;
Die Erzieher voller Wut.
Erst kam Schlichtung - aber dann
Finden Arbeitnehmer die nicht gut!
Jetzt droht Streik erneut vor Kita-Räumen;
Auch Eltern fangen langsam an zu schäumen.

11. August:

Ein Riese schafft sich seine eigne Mutter:
Aus *Google* wird nun *Alphabet*.
Es ändert sich doch nichts auf dem Computer;
Man damit auf mehr Sortierung späht.
Zu viele Sparten hat der Gemischtwarenkonzern;
Diese neu zu gliedern, *daran* denken nur die Gründungsherrn.

12. August:

Auf Kos ist die Lage unerträglich.
Tausende Flüchtlinge landen dort nun täglich.
Zur Registrierung fehlt das Personal;
Athen scheint die Lage recht egal.
Hilfen von der EU, die könnt man fordern,
Doch müsste Tsipras die auch ordern.
Er will, dass Hellas werde wenig attraktiv.
Doch angesichts der Flüchtlingsströme ist der Gedanke wohl
                                                      naiv.

13. August:

In Tianjin, in China, ist der Hafen explodiert.
Selbst die Geologen haben das wie Erdbeben gespürt.
Verletzte, Vermisste und Dutzende sind tot;
Die Millionenstadt in flammend' Gelb und glimmend' Rot.
Bis jetzt weiß niemand, was dort ist verpufft,
Und ob vergiftet ist die Atemluft.

14. August:

Die Bundesliga startet wieder.
Die Bayern machen Hamburg nieder.
Und schon steht jeder wieder, *wo er hingehört*.
Das ewig Einerlei wohl kaum noch jemanden betört.

15. August:

Jetzt kommt Volker Kauder in die Krise;
Spielt er sich doch auf als Meinungsriese.
Fraktionsraison hat er jüngst angemahnt;
Es geht um griechisch' Rettung, so man ahnt.
Nicht alle Stimmen der Union
Schart Frau Merkel um ihr'n Thron.
Abweichlern wollte Kauder schon mal droh'n.

16. August:

Für Europa ist längst Thema Nummer eins:
Der Flüchtlingsstrom.
Viel Zwiespalt innerhalb des europäischen Vereins:
Mancher Staat entscheidet autonom.
Ungarn baut Zäune,
Großbritannien sperrt Räume,
Dennoch weckt Europa millionenfache Träume.
Ein einheitliches Recht muss her -
Und zwar schnell, denn es werden täglich mehr.

17. August:

Gott Brahma brachte vielen heut' den Tod.
Bangkoks Straßen vom Blut der Opfer gefärbt in Rot.
Ein Schock geht durch die Metropole
Und die Angst, dass sich ein solcher Anschlag wiederhole.
Noch hat sich niemand zu der grausig' Tat bekannt.
Ob Staates Gegner, ob Muslime, es gibt verdächt'ge Gruppen
                                                        auch im Thaienland.

18. August:

Ein Mädchen, entführt bei Meißen schon vor Tagen,
Ist tot - der Polizeichef konnt's kaum sagen.
Die Täter sind bereits gefasst und hinter Gittern.
Dilettantismus führt zum Mord - der Gedanke lässt verbittern.
Keine Masken und kein Plan,
Erpresstes Geld per Überweisung - der pure Wahn.

19. August:

Addyi ist da!
Mehr Lust für Frau'n, wie wunderbar!
Doch während Viagra wirkt schon stante pene,
Wirkt das Rosa weder über Herz noch Vene,
Sondern - wie könnt's bei Frau auch anders sein -
Auf dem Umweg übers Brain.

20. August:

Ein Politiker, dem man vertrauen konnt'
Mithin ein selt'nes Exemplar,
Nicht wirkend wie fraktionsgeklont,
Verstorben: Egon Bahr.

21. August:

Ein Land, in das gar keiner will,
Hält dem Flüchtlingsstrom nicht länger stand.
Zu viele auf der Flucht vor heimatlicher Unbill
Nun gestoppt vor Mazedonien in Griechenland.

Skopje bot freie Fahrt nach Serbien an;
Die Züge übervoll - es ist ein Wahn!

22. August:

Der Thalys zwischen Paris und Amsterdam.
Ein Islamist mit Waffe, und der schießt sodann.
Von zwei Marines in löblich' Geistesgegenwart
Überwältigt und verknotet wenig zart.

23. August:

Schweden, Deutschland, Österreich,
Das ist der für den Flüchtling offene Asylbereich.
Die andren Staaten der EU
Machen ihre Grenzen für die Armen zu.
Das empört nun immer mehr
Aus den offnen Ländern die Politiker.

24. August:

Im Sachsenland, in Heidenau,
Da tobt der Mob, da hängt sie raus, die Nazisau.
Flüchtlinge im alten Baumarkt hausen;
Nun setzt sich fort auch hier für sie das Grausen.
Derweil die Börsen talwärts streben;
Aus Chinas Husten wird ein Beben.

25. August:

Als Ukrainer hat er auf der Krim gewohnt,
Bis Putin diese annektierte.
Als widerwillig' Russe wurd' er nicht geschont;
Der Diktator ihn für 20 Jahr' ins Lager nun diktierte:
Oleh Senzow, unbequemer Filmemacher,
Vorerst Verlierer ist im ukrainisch-russisch Machtgeschacher.
Möge eines Tages er unter all den Klägern sein,
Wenn Gerechtigkeit zieht endlich auch in Russland ein.

26. August:

#merkelsagwas, #merkeltuwas, #merkelkommvorbei:
So viel Netzwerk blieb der Kanzlerin nun doch nicht einerlei.
Heute endlich taucht sie auf in Heidenau
Und erträgt Protest von Nazimann und Nazifrau.
Angriff auf Asylantenheime Schlag auf Schlag;
Diese Brut ist wirklich schlecht!
Doch mit einem haben sie doch recht:
Wenn sie rufen "Wir sind das Pack!"

27. August:

Nicht nur auf dem Mittelmeer gibt's Flüchtlingstote,
Jetzt auch auf dem Wege übers Balkanland.
Aus Österreich erreicht uns Schreckensbote,
Dass man einen abgestellten Lieferwagen fand.
Beim Öffnen war das Grauen groß:
Für vierzig oder fünfzig wurd' die Flucht zum Todeslos.

28. August:

Die Nachrichten sind voll der Flüchtlingsdramen;
Jetzt gezählt, war'n 71 tot im Lieferwagen.
Auch vor Libyen ist erneut ein Flüchtlingsboot gesunken;
Dort sind rund 200 elendiglich ertrunken.

29. August:

So einfach ist es nicht, die Bürgerrechte auszuhebeln.
Das BVG hält Wacht.
Das gilt nicht nur für die, deren Köpfe sich vernebeln,
Sondern auch für die, die auf Asylanten geben Acht.
Das Landratsamt hatte ein pauschal's Konventverbot für
                              Heidenau jüngst ausgesprochen;
In Karlsruhe wurde dieser Spruch nun deutlich wieder
                                        aufgebrochen.

30. August:

Fertig nun der Grenzzaun Ungarns gegen Fremde
Europas neu's Symbol für Flüchtlingshass.
Doch die Wirkung ist bescheiden doch am Ende:
Die Zahl bleibt gleich, doch unter noch mehr Aderlass.

31. August:

Die Islamistischen Faschisten,
Der IS, die Bande außerhalb der Menschlichkeit,
Ist zu jeder Tat der Abscheu grundsätzlich jederzeit bereit.
Sie sprengen alles, was sich findet auf UNESCO-Listen
Und machen sich im Nahen Osten breit.
Von dort die Bürger strömen panikartig in den Norden,
Übern Balkan, und auch Ungarn hält die Leut nicht auf.
Schlepper rauben letzte Gelder - sie nehmen Tote skrupellos
                                                              inkauf.
Hauptsache fort vom Dschihadisten-Morden;
In Bayern laufen Massen derzeit auf.

September

1. September:

"Germany! Germany!", so hallt es heut' durch Budapest,
Wo zahllos' Flüchtlinge plötzlich wieder hängen fest.
Nachdem man gestern reisen ließ, wer reisen wollte,
Der Zugverkehr nun wieder flüchtlingslos nach Westen rollte.
Im arg gefordert' München normalisiert sich langsam wohl die
Lage;
Man ist beeindruckt, wie für die Bürger steht spontane Hilfe
außer Frage.

2. September:

Ein einsam totes Kind am türkischen Touristenstrand
Die Welt schockiert weit mehr als nackte hohe Leidensziffern.
Europa in Gefahr nun zu verlier'n, was den Kontinent verband?
Mitgefühl und Solidarität wollen wenige nur liefern.
Nur träg und langsam kam Frau Merkel hier in Gang -
Aber dennoch ihr die menschlich' Führung anerkennend gut
gelang.

3. September:

An Deportationen längst vergangener Zeiten
Erinnert, was Magyaren heut' den Flüchtlingen bereiten:
Sie wurden in der Hauptstadt in den Zug gelockt
Und dann an einem Lager jäh gestoppt.
Nun weigern sie sich auszusteigen.
Zu befürchten ist, dass Orbans Schlägertrupps sich bereits die
Hände reiben.

4. September:

Dass Europa über Griechenland zerbricht, das hatt' ich nie
geglaubt,
Doch angesichts der Flüchtlingskrise werd' ich dieser Sicherheit
beraubt.
Ungarn ist der Buhmann, Deutschland ist der Musterknabe.
Die meisten andern winden sich in dieser Frage.

Gibt's Gelder zu verteilen,
Tun sie sich im Handaufhalten meist beeilen.
Doch hier ist erstmals wahre Solidarität gefragt
Und schon sich keiner mehr nach vorne wagt.

5. September:

Zufuß marschierten sie auf Autobahnen Richtung Wien,
Erst dann hat Busse man geschickt,
Die sie nach Österreich nun brachten endlich hin.
Richtung München dort ein jeder blickt;
Tausende heut' glücklich angekommen.
Derweil ist der Strom durch Balkan längst nicht abgebrochen;
Wieder haben Massen den Weg durch Ungarns Zaun
                                                           genommen;
In Europa ist noch immer längst nichts abgesprochen.

6. September:

Flüchtlingsströme ohne Ende.
Elftausend alleine heut' in München.
Dazu in Flüchtlingsheimen immer neue Brände
Durch die, die ihr bisschen Hirn in braune Farbe tünchen.
Angesichts der helfend' Massen
Die Braunen doch erfreulich schnell verblassen.

7. September:

Es gab Gespräche heut' im Kanzleramt;
Dabei hat man neue sich're Länder nun benannt.
Wer aus diesen kommt, wird schneller abgeschoben,
Wer nicht, wird künftig bei uns besser eingewoben.
Für Integration gibt es mehr Geld;
Mehr Sachleistung soll bringen, was den Menschen fehlt.

8. September:

Angesichts der Flüchtlingsnot
Ist Pilotenstreik wohl kaum Gebot.
Arrogant auch weiterhin mit Scheinen winken,
Scheint das Ziel mit - sarkastisch' - Augenzwinken.

Das dreizehnt' Mal sie auf dem Boden bleiben,
Denn sie haben ja so schwer zu leiden!

9. September:

Thronrekord heut' für die Queen;
Drauf sitzt sie nun länger als Viktoria.
Zwei andre Dinge sind erstmal dahin:
Zum einen der Pilotenstreik der Lufthansa
Und dann der Bahnverkehr mit unsrem Nordnachbar:
Durch Dänemark nach Schweden wollen neue
                                        Flüchtlingsmassen,
Und Kopenhagen will die Leut' nicht reisen lassen.

10. September:

In einer Höhle in Südafrika entdeckt:
Eine Menschenart, die seit 2 1/2 Millionen Jahr'n erfolgreich
                                        sich versteckt.
Homo naledi wurd' er schon benannt.
Mit Homo sapiens ist er wohl nur sehr entfernt verwandt.

11. September:

An diesem Tag macht man sich natürlich schon Gedanken,
Ob nicht auch Terroristen mit Flüchtlingen ins Land gelangten.
Seehofer ist ob ungebremster Flüchtlingsflut schon scharf
Und meint, dass die Regierung so nicht weiter handeln darf.
Auch Putin nutzt den Strom zur Propaganda;
Truppen und Waffen für Assad setzt er auf die Agenda.

12. September:

Hamburg sich heut' im Notstand sah;
Anlass: die ungenehmigt' Nazischar.
Am Bahnhof grölen sie Parolen;
Polizei im Großeinsatz
Die Nazis von den Gegnern wegzuholen
Und zu verhindern deren Flüchtlingshatz.

13. September:

"Entschleunigung muss her",
So Innenchef Thomas de Maizière.
Aus Österreich wird wieder kontrolliert;
Schengen ist damit erst einmal storniert.
Hoffen wir, dass diese erste Gegenbrise
Wirklich Ordnung bringt in die aktuelle Flüchtlingskrise.

14. September:

Der Druck, den Deutschland auf EU aufbauen wollte -
Verpufft, weil der Osten in massiver Weise schmollte.
Das Ministertreffen faktisch blieb ergebnislos;
Die Quote kommt, doch wann denn bloß?
Auf Oktober hat man sich vertagt -
Über 160 000, so man heute sagt.
Doch ist das doch ein kleiner Bruchteil nur
Derer, welche verzweifeln auf der Flüchtlingsspur.

15. September:

Ungarn verpuppt sich zu 'nem isolierten Christenkloster.
Ungern zahlen flüchtlingsfreundlich' Geberländer noch dorthin.
Angriff auf Assad: Putin reagiert jetzt noch erboster.
Angriff auf IS: Frankreich schickt Bomber jetzt nach Syrien.
Auch die Bundeswehr in jenem Land
Weist man nicht mehr kategorisch von der Hand.

16. September:

Die neue Lutherbibel wurde vorgestellt;
Nazi-Urahn streut seine markig' Worte wieder ungebremster in
                                                                                die Welt.
Voll des Stolzes ist der Mann mit dem dicken Kreuze vor dem
                                                                                     Bauch.
Vom künftig' Lobeshudeljahr ist dies lediglich der erste Hauch.

17. September:

Ungarn dicht,
Über Kroatien führt die neue Flüchtlingsroute.
Doch lange gut geht dieses nicht,
Den Offiziell'n ist jetzt schon bang zumute.
Bei uns tritt Schmidt, der Chef der Migration, zurück.
Das rückt de Maizière in die Kritik ein weit'res Stück.

18. September:

In Kroatien sind die Grenzen heut' schon wieder zu;
Überfordert jetzt schon ist das Land.
Nun drückt auch Slowenien bereits der Schuh;
Für die Massen man noch keine Lösung fand.
Unterdessen ist BA-Boss Weise auch der neue deutsche
                                            Flüchtlingschef,
So de Maizère auf einem von ihm anberaumten Journalistentreff.

19. September:

Wer hätte wohl gedacht,
Dass VW mal sowas Dummes macht?
Bei Dieseln die Schadstoffzahl frisieren
Und in Amerika Milliardenstraf' damit riskieren?

20. September:

Alexis Tsipras' Rechnung ist wohl aufgegangen:
Unerwartet hoch hat er die Griechenwahl gewonnen.
Syrizas linken Flügel hat er abgehangen;
Seines Zickzackkurses hat sich der Wähler nicht besonnen.
Für Europa bleibt es unbequem.
Was nun wohl kommt? - Wir werden sehen.

21. September:

VW ist auf dem Weg in eine tiefe Krise.
Kaum zu halten: US-VW-Chef Horn
Und wohl auch nicht Martin Winterkorn.
In der Luft rund 40 mal zu hoch die Diesel-Prise,

Beichtet heute nun der Autoriese.
Schon die Börsentalfahrt schafft so viel Verluste,
Wie der Konzern allein an Strafe zahlen müsste.

22. September:

Weltweit 11 Millionen Autos sind betroffen,
Die VW-Aktie ist abgesoffen.
In Amerika formiert sich schon die Klagefront.
Was dort geschah, ist ein Affront.
Wenn der deutsche Autoriese fällt,
Spürt das auch die nationale Wirtschaftswelt.

23. September:

Deutschlands bestbezahlter Manager -
Martin Winterkorn - zurückgetreten!
Machtkampf gegen Piech noch gewinnen konnte er -
Doch nun wurd' er von allen Seiten drum "gebeten".
Manipulationen bei den Abgaswerten -
Gab's das denn alleine bei VW?
Ob sich Verdachtsmomente auch bei anderen erhärten -
Darüber fließen Infos noch recht zäh.

24. September:

Der Teufel lässt nicht alles mit sich machen;
Wird er gesteinigt, schlägt auch er schon mal zurück.
Mal lässt er Kräne in die Menge krachen,
Dann sorgt für Panik er ein gutes Stück.
Bald tausend Tote zählt in Mekka man in diesem Jahr;
Es gab Zeiten, da die Hadsch sogar
Noch gefährlicher schon war.

25. September:

Matthias Müller heißt der neue Chef nun bei VW.
Mit Porsche fuhr er stets vorweg.
Jetzt muss er starten aus dem Hinterfeld, oh weh!
Noch immer tiefer gerät der Konzern in Dieseldreck.

26. September:

Je länger ein Diktator sich im Lande hält,
Um so wichtiger wird er auch noch für die "freie" Welt?
Durch Flüchtlingsstrom muss in Syrien endlich Friede her;
Ohne Assad ist der gegen den IS kaum möglich mehr?
Auch sein Kumpel Putin erscheint zurück im Boot;
Verantwortlich in der Ukraine für tausendfachen Tod.
Die beiden umgarnt man täglich mehr,
Denn gegen die schwarzen Irren braucht man auch ein Heer.

27. September:

Die Katalanen gingen heut' zur Wahl;
Ihr regionales Parlament ist uns ansonsten recht egal.
Doch ging es jetzt um Wesentliches mehr:
Sie meinen, ihre Unabhängigkeit muss her.
Die Mehrheit wohl auch für die Separatisten stimmte.
Hoffentlich fließt dort bald nicht böses Blut, sondern lieber
                                                              Tinte!

28. September:

Putin ist zurück nun auf der Weltenbühne
Mit seiner Rede vor der Versammlung der Nationen.
Zur Ukraine kaum ein Wort, erst recht auch keine Sühne.
Auf mehr Einfluss in Nahost gezielt sind des Manns Aktionen.
Mit Assad gegen den IS will er marschieren;
Obama will das Gleiche ohne diesen Schlächter nur probieren.

29. September:

Ordnung, Freiheit, Frieden in Afghanistan?
Wer dieses glaubt, der lebt im Wahn!
Die fremden Truppen fort - schon sind zurück: die Taliban.
Kundus ist im Sturm genommen,
Die Stadt, in der die deutschen Hoffnungen auf Frieden
                                                              glommen.
Lokale Truppen - noch zu wenige, um dagegen anzukommen.

Nur einer der literarisch qualifizierten Viere
Kommt darauf, dass er den IKEA Katalog mal rezensiere.
Meint er's ernst oder doch mit seinem typischen Humor?
Man urteile allein, denn er selbst ging heute durch des Lebens
                                                Ausgangstor.
Hellmuth Karasek ist tot.

30. September:

Putin greift in Syrien jetzt ein.
Doch wen sucht er mit seinen Bombern heim?
Nicht den IS hat er dabei scheint's getroffen,
Sondern jene, die gemäßigt auf Assads Ende hoffen.
Man drängt auf verstärkte Koordination
In der notgedrung'nen Kampf-Koalition.

Oktober

1. Oktober:

Scheint's will der Diktator doch nur den Tyrannen schützen.
Nicht nur im IS, mehr noch bei Rebellen Putins Bomben blitzen.
Eingeschlichen in die Allianz der Despotenfeinde,
Zeigt sein wahr's Gesicht
Er wieder spät erst unsrer Weltgemeinde:
Dem Putin - nein, dem trau' man nicht!

2. Oktober:

Ein weitres Mal fordert Obama schärfere Gesetze
Gegen freie Waffen in Amerika.
Von den Reps erntet er dafür erneut die altbekannte Hetze,
Trotz des jüngsten Amoklaufes Drama.
Wieder einmal hat - und dieses Mal in Oregon -
Viele umgebracht ein junger Mann.

3. Oktober:

Glückwunsch heut' dem Silberpaar
BRD und DDR.
In Frankfurt traf sich nun in diesem Jahr
Die hochdekorierte, wohlgelaunte Feierschar
Der Vertreter der
Ehemalig beiden deutschen Staaten
Zum Vergleiche dessen, was sie bisher erzielet hatten.

4. Oktober:

Macht Tsipras Schule jetzt in Portugal?
In diesem Schuldnerland war heute Wahl
Mit Verlust für Konservativ und Liberal.
Bisher hat man brav bezahlt Kredite;
Leichter Aufschwung war auch die Rendite.
Doch hält das eine Mehrheit nun für Schiete?

5. Oktober:

Wallander wird nun keinen Fall mehr klären;
Im literarisch' Ystad bleibt das Unrecht künftig ungesühnt.
Gegen den Krebs konnt' Mankell sich nicht länger wehren.
Etwas, was er neben vielem andern sicher unrecht find'.

6. Oktober:

Der EuGH hat *Safe Haven* heut' gekippt,
Denn unsre Daten sind bei Uncle Sam nicht sicher.
Wenn der Geheimdienst mit den Fingern schnippt,
Werden facebook und auch Google gern zum Kriecher.
Es klagte ein Max Schrems aus Österreich;
Von Snowden wurd' ihm zum Siege gratuliert sogleich.

7. Oktober:

Merkel und Hollande vor dem Europäisch' Parlamente
Fordern heut' gemeinsam in der Flüchtlingspolitik die Wende.
Nicht weniger, doch mehr Europa sei nun dringender vonnöten;
Beschämend, was die meisten Staaten menschlich böten.
Am Abend Merkel noch bei Anne Will,
Macht sie klar, dass sie geschloss'ne Grenzen niemals will.

8. Oktober:

Während Deutschland gegen Irland heut' verlor,
Dringt uns von der FIFA Ungeheuerliches in das Ohr:
Rote Karte für Sepp Blatter von der Ethikkommission,
Auch Platini beurlaubt, beide wegen fortgesetzter Korruption.
Der deutsche Richter Eckert wagte diesen überfällig' Schritt.
Hoffentlich für echten Neuanfang der entscheidend' Schnitt.

9. Oktober:

Bayern rebelliert
Inzwischen schon recht ungeniert.
Will die Grenz' zu Österreich schon schließen
Oder Züge schicken bis Berlin und Gießen.
Den Nobelpreis hat man Merkel nun doch noch nicht verliehen;

Der geht nach Tunesien, weil dort am intensivsten noch Jasmine
blühen.

10. Oktober:

Sie wollten für Frieden auf die Straßen gehen;
Gewalt zwischen Türken und den Kurden stoppen.
Ein Anschlag dort von denen, welche Hass nur säen,
In Ankara; man muss um Leben bangen oder hoffen.
Bald Hundert sind erlegen.
Bekenner hat's noch nicht gegeben.

11. Oktober:

Transitzonen an den Grenzen werden debattiert;
Flüchtlinge dorten wohl für kurze Zeiten interniert,
Bis über Chancen schnell entschieden ist,
Ob einer abgeschoben wird oder doch Asyl genießt.

12. Oktober:

Wozu Wahlen in Europas letzter Diktatur?
Fragt man sich für Weißrussland doch wohl nur.
Lukaschenko
85 pro cento.
Wer dem Volke keine Freiheit gibt,
Ist anscheinend sehr beliebt.

13. Oktober:

Flüchtlinge leiden unter der ersten Kältewelle.
Pegida ist erneut zur Stelle.
Wünschen Gabriel und Merkel an den Galgen.
Das muss der Staatsanwalt für üble Volksverhetzung halten.

14. Oktober:

Während die Commerzbank muss ein Trinkgeld zahlen,
Dafür, dass sie half, wie Bürger dem Staate Steuergelder stahlen,
Geht's VW schon bald wohl richtig an den Kragen:
Amerikaner bereiten vor nun 160 Milliarden Euro Klagen.

Zudem will das Bundesamt für den Verkehr,
Dass der Dieselauto-Rückruf angeordnet und nicht freiwillig
                                                                 komm daher.

15. Oktober:

Das Asylrecht tat der Bundestag verändern:
Mehr Sach- denn Geldleistung beschlossen,
Mehr sich're Staaten an Europas Rändern,
Dennoch rollt die Welle weiter, gänzlich unverdrossen.
Europas Staatschefs hatten Gelder neulich noch versprochen,
Doch haben die meisten dabei wohl ihr Wort gebrochen.

16. Oktober:

Das Sommermärchen im Jahr Null Sechs -
Gekauft!
Der DFB schrieb damals aus Millionenschecks -
Und heute sich die Haare rauft.
Irgendwann kommt alles raus!
Geh'n uns ansonsten schon die Daten aus?
Nun müssen wir erneut auf Vorrat speichern,
Wer wann mit wem so telefoniert;
Nur wenige sich mit dem Privileg bereichern,
Dass man ihre weiterhin nicht spioniert.
Es sind die Priester mit dabei,
Obwohl's grad um diese gab so manche Schweinerei.

17. Oktober:

Die Saat der Nazibrut scheint aufzugehen -
Das konnte man in Köln heut' sehen.
Henriette Reker ist als OB dort Kandidatin -
Und morgen ist die Wahl.
Es attackierte sie ein Mann in braunem Wahnsinn
Am Hals mit Messers blankem Stahl.
Die Frau ist schwerverletzt;
Der Täter durch Pegidasprüche aufgehetzt.

18. Oktober:

Das wahre Volk setzt sich zur Wehr!
Die Frau im Koma ist gewählt!
Aus Köln kommt ein stark's und positiv' Signal daher,
Das gegen braune Dummheit stählt.
Weit mehr als nur die Hälfte aller Stimmen
Konnte Henriette Reker bei der Wahl gewinnen.

19. Oktober:

Glück zu wünschen zum Geburtstag, das wäre wohl normal;
Im Fall *Pegida* aber mehr als nur fatal.
In Dresden zum Jahrestag versammelt sich die Nazibrut -
Aber auch viel Tausend, die dagegen - und das ist wirklich gut.
Mögen diese Dresden nun befreien aus dem Ahnungslosental,
Auf dass es kein weiteres Jubiläum gebe solch fürchterlicher
Unmoral.

20. Oktober:

Der Pegida-Bogen ist nun überspannt;
Redner Pirincci hat ihn glatt zerrissen.
Wer KZs erstrebt in diesem Land,
Der möge sich verpissen!
Für Dummheit nenn ich neues Synonym:
Es heißt *pegid* und gilt für jedes Nazi-Ungetüm.

21. Oktober:

Mit Marty McFly sind wir nun alle in der Zukunft angelangt,
Wenngleich es Anlass gibt, dass man um das Raum-Zeit-
Kontinuum kurz bangt,
Denn im DeLorien wird dieser Tag als Dienstag angegeben,
Obwohl wir heut' den Mittwoch doch erleben!
"Da schießen Sie, Emmett Brown, wohl einen Bock? -
Oder wir? - Na, Sie sind der Doc, Doc!"

22. Oktober:

Bamberg ist einer Katastrophe wohl entkommen.
Rechtsradikale hat man zahlreich festgenommen.
Hatten Waffen in der Wohnung,
Wollten Bomben legen ohne Schonung.
Es kriegen Aufwind mit der Flüchtlingskrise
Pegid-gefährlich Typen, so wie diese -
Ganz besonders miese.

23. Oktober:

Patricia nennt sich heut' die Schreckensmeldung;
Ungeheurer Sturm und meterhohe Brandung.
Stärkster Hurrikan seit Mensch'gedenken
Will sein Unheil nun auf mexikanisch' Küsten lenken.
Von 400 Kilometern in der Stunde wird gesprochen;
Über Land sei seine Macht dann doch sehr schnell gebrochen.

24. Oktober:

Nicht nur heut' Nacht wird die Uhr zurückgestellt,
Auch in der europäisch Bündniswelt:
Nach den Ungarn bauen auch Slowenen einen Zaun
Gegen den kroatisch' flüchtlingsvollen Raum.
Die schöne Sommerzeit, die ist vorbei;
Aus der Traum von Europas Einerei.

25. Oktober:

Auch Polen schottet sich auf Vorrat ab.
Im Nachbarlande gab es heute Wahlen.
Die bisherige Regierung, die machte schlapp;
Europa- und Migrantenfeind Kaczynski sah man strahlen.
Seine Partei heißt PIS.
Zu hoffen bleibt, dass, was sie macht, was andres is'.

26. Oktober:

17 Punkte, im Angesicht vom Scheitern,
Beim Brüssler Abendessen grade noch beschlossen,
Sollen Ordnung in Europa nun doch erweitern,
Sollen Flüchtlingsströme drosseln.
Nach Slowenien 400 Polizisten,
Hunderttausend Unterkünfte an der Strecke
Wär das erste, was sie machen müssten
Für den Tross, der grad noch steckt im tiefen Drecke.

27. Oktober:

Seehofer hat über Österreich sich empört;
Flüchtlinge an der Grenze abzuladen sich einfach nicht gehört.
Mit Bussen werden sie aus Slowenien gebracht
Und in der Kälte ausgeladen, mitten in der Nacht.
Er stellt ein Ultimatum nun Berlin,
Dass Merkel telefoniere bald mit Wien.

28. Oktober:

Die Türkei - ein Beitrittskandidat?
Sich'res Herkunftsland, um dorthin abzuschieben?
Das ist sie wohl kaum unter Erdogans Diktat.
Polizisten heut' erneut auf Presseleute hieben.
Man muss selbst Fernsehsender nur mit dem *Terror*-Wort
                                        verknüpfen,
Das reicht schon, um als Wolf in den Schafspelz schnell zu
                                              schlüpfen.

29. Oktober:

Raif Badawi, in Schwarz-Barbarien inhaftiert,
Wurde von Europa mit dem Sacharow-Preis geehrt.
In seiner Rede hat Schulz den König heftig attackiert,
Weil er unrechtmäßig Menschen quält und drangsaliert.
Ein klares Wort an einen "Waffenbündnisfreund",
Sonst glaubt die Welt, man sei auf Seiten eines Menschenfeind'.
Ein solcher Preis sollt' klare Schelte sein
Für den, der den Geehrten malträtiert daheim!

30. Oktober:

Über den Syrienkrieg wird in Wien seit heute neu beraten,
Und zwar mit Vertretern aus 19 involvierten Staaten.
Assad und IS sind natürlich nicht dabei.
Was mit ihm passiert - den Punkt ließ man erstmal frei.
Einig ist man, dass der IS der Feind von allen sei.

Pegida ist abscheulich schon genug;
Doch einer verdient darüber noch besondren Fluch:
Hat den kleinen Mohamed aus der Flüchtlingsgruppe dreist
                                                                                              entführt,
Sich dran vergangen und ermordet, völlig ungerührt.
Auch für Elias' Tod sei er verantwortlich zu machen,
Vermisst seit Juli, vergraben wohl im Schrebergarten.

31. Oktober:

Von Sharm-El-Sheikh gestartet grade nach Sankt Petersburg,
Wurd' jäh gestoppt ein Unglücksflug.
224 Tote zu beklagen;
Der IS gibt vor, die Tat verübt zu haben.
Die Blackbox in der Wüste ist geborgen;
Mit Ergebnissen rechnet man ab frühstens morgen.

November

1. November:

Den Herrschersitz schon prunkvoll ausgestattet,
Pressefreiheit eingeschränkt, Oppositionelle unterdrückt.
Erdogan fühlte sich ganz gut bestückt,
Doch das Volk die Diktatur noch nicht gestattet;
Das letzte Stimmendrittel bleibt aus seiner Sicht beschattet;
Verfassungsmehrheit ist ihm noch nicht geglückt.
So kam heute noch nicht auf die ganze strahlend Freude
Im schwarz-gülden glänzenden Palastgebäude.

2. November:

Das lütte *Sumte* ist nun weltbekannt,
Weil hier ein halbes Tausend Emigranten unter
                            Journalistenaugen Bleibe fand.
Sonst war der Ort nur hundert Seelen groß;
Seit heute ist hier sechsmal so vieles los.
Ein Jeder fügt sich tapfer in sein Los.
In Berlin herrscht Streit noch unterdessen
Zwischen Koalitionären,
Wie und wo Flüchtlinge zu sammeln wären.
Es gibt Ideen, doch folgt man wessen?

3. November:

6 Komma 7 Millionen einst verschwanden;
Jetzt suchen die, die professionell nach Steuern fahnden.
Beim DFB, bei Niersbach, Zwanziger und Co.
Hausdurchsuchung - man hofft so,
Licht zu bringen in den Fußballsumpf
Und aufzuspür'n den unversteuert' schwarzen Sparerstrumpf.

4. November:

Der Verdacht verdichtet sich,
Dass eine Bombe den Airbus jüngst vom Himmel holte.
Wohl war's der IS, der sich dort einschlich,
Dessen Unmenschtum wieder so viel Leben zollte.

5. November:

Der Elefant im Porzellangeschäft - gezähmt.
Die teuren Tassen sind gekittet.
Seehofers Transitzonen - weiter nicht erwähnt -
Koalitionsstreit - am Ende doch gesittet.
Zufrieden geh'n die Partner aus dem Kanzleramt,
Im Asylstreit ward' ein Kompromiss benannt:
Wer aus sich'ren Ländern zu uns flüchtet
Muss in ganz spezielle Zentren,
In denen sehr viel schneller wird gerichtet,
Ob jemand ist zurück zu senden.

6. November:

Die, die es können, dürfen es nur einmal tun:
Einen Menschen auf Wunsch in Würde sterben lassen.
Wer Hilfe künftig wiederholt, bekommt es mit dem Staatsanwalt
                                                                                          zu tun.
Wer Hilfe dringend braucht, wird's verstärkt im Ausland machen
                                                                                          lassen.
Sterbehilfe weiter eingeschränkt; es wird nicht leichter, in Ruh
                                                                                          zu ruh'n.
Der Kirchen Lobbyisten sind soweit zufrieden nun.

7. November:

Koalitionsstreit grade beigelegt,
Da kommt de Maizière mit neuem Klopfer:
SPD-Gemüter schnell und wieder arg erregt,
Kein Familiennachzug für Diktaturenopfer!
Skandalminister schnell wieder zurückgerudert;
Kaum einer, der da oben so schlimm schludert
Und damit die AfD umpudert.

8. November:

Aung San Suu Kuy
Zwang die Militärs nun letztlich in die Knie.
Vor 25 Jahren wurde sie schon frei gewählt,

Doch ihrem Posten hat die Diktatur sich in den Weg gestellt.
20 Jahre Hausarrest,
Nobelpreis für den Frieden.
Dieses Mal hält sie die Macht wohl fest,
Weil die Leut' in Myanmar sie lieben.

9. November:

DFB und Niersbach wird zur Staatsaffäre?
Für meinen Geschmack ist's ein Zuviel an Ehre!
Niersbach hat sich entschlossen nun zu gehen;
Aber muss man deshalb gleich 'nen *Brennpunkt* sehen?
Und das heute,
Am deutschen Schicksalstage - also Leute!

10. November:

Helmut Schmidt ist tot.
Jede Krise hat ihn stärker nur gemacht,
Weil souverän er durch sie lenkte - mit Bedacht.
Seine Meinung - immer hochgeschätzt,
Nicht nur wegen seines hohen Alters - sehr gesetzt.
Überragend intelligent und ertragbar selbstbewusst.
Für die Tabakwirtschaft nun Totalverlust.
Vor dem Handeln denken, das war immer sein Gebot.

11. November:

Es scheint, dass de Maizière nicht nur intrigiert,
Sondern auch schon offen rebelliert.
Altmaiers Posten hat er offenbar noch nicht verkraftet;
Er bleibt der Flüchtlingsfrage allzusehr verhaftet.
Es ist an Merkel, ihn zurückzupfeifen,
Doch hat von rechts er Rückenwind, 'nen ziemlich steifen.
In der CDU ist der Machtkampf ausgebrochen.
Das hat seit Wochen
Man bereits gerochen.

12. November:

Jetzt hat Schweden seine Grenzen teils geschlossen.
Wer ohne Pass ist, wird aus Deutschland kaum noch
                                        rausgelassen.
An den Häfen fürchtet man nun Stau,
Doch wissen Flüchtlinge wohl auch ganz genau,
Wo die Schlupflöcher grad noch existieren -
Wollen über Flensburg - Dänemark den Weg riskieren.
Unterdessen beraten Europa-Staatschefs grad auf Malta,
Wie man Afrikaner auf ihrem eig'nen Kontinent wohl halte.

13. November:

Erst taten sie dem deutschen Team mit einer Bombe droh'n,
Am Abend dann gewalt'ge Explosion
Nah beim vollgefüllten Franzosenstadion.
Weit're Schießereien und Anschläge in Paris;
Die meisten Opfer in einem der Theater;
Islamismus scheint auch dieses Mal der Vater.
Man begreift nicht recht, was losgewesen ist.
127 Tote sind bis jetzt gewiss.

Was geht vor in Verbrechern dieser Art,
Deren ganzer Lebenssinn
Geht in Richtung von Zerstörung hin?
Was macht Menschen gegenüber andern denn so hart,
Dass sie deren Tötung empfinden als Gewinn?

14. November:

Starke Worte aus Paris:
Hollande sieht sich im Kriege mit ISIS.
Merkel sichert ihm jedwede Unterstützung zu -
Gehören deutsche Truppen in Syrien und im Irak dazu?
In Sarajewo genügten einst der Opfer zwei.
Heut' sind's viel mehr - man behalte klaren Kopf dabei.

15. November:

Es wird davor gewarnt,
Das Attentat mit dem Flüchtlingsstrome zu vergleichen.
Das wäre genau wohl das, was getarnt
Die ISIS Terrorleute woll'n erreichen.
Ein Überlebender ging den Grenzern gestern durch die Lappen;
Man fahndet fieberhaft - ich hoff', man wird ihn schnappen.

Der DFB entschied, das Hollandspiel
Am Dienstag doch nicht abzusagen.
Man befürchtet neues Anschlagsziel,
Doch man will vor Terror nicht verzagen.
Merkel mit Regierung kommen zu Besuch -
Ich hoff', die Entscheidung, die ist klug.

16. November:

Die europaweite Schweigeminute markiert die Stunde Null,
Nach der in Frankreich wohl nichts, wie es war, mehr bleiben
                soll.
Hollande lud Parlamentarier und Senat dann nach Versailles
Zu verkünden, dass L'état d'urgence um drei Monate verlängert
                sei.
Die Angriffe auf den Islamistisch' Staat hat man verstärkt;
Auch in Antalya bei G20 ist das Thema dringendst vorgemerkt.

17. November:

Ein Zeichen gegen Terror hat man in Hannover setzen wollen;
Doch die Angst ist auch in Deutschland längst geschürt.
Die Nationalmannschaft hätt' gegen Holland spielen sollen.
Wenn nicht 'ne echte, so wurd' die Psychobombe doch
                geschnürt.
Kurz vor Beginn hat man die Leute wieder heimgeschickt;
Besser so, als dass die wahre Bombe hätt' unbemerkt zu End'
                getickt.

18. November:

Seit 4 Uhr 25 wird jetzt zurückgeschossen!
Der Krieg ist heut' in Saint-Denis;
Einem Vorort im Norden von Paris.
Erstürmt wurd' eine Wohnung der IS-Genossen.
Ganztags live zu sehen von einer Videobasis.
Unklar, ob Abaaoud unter den Toten is'.
Rache ist noch längst nicht abgeschlossen.

19. November:

In Frankreich macht der Rechtsstaat jetzt mal Pause.
Der Notstand wurd' vom Parlamente prolongiert.
Durchsuchen kann der Staat nun jedermanns Zuhause,
Das hart erkämpfte Bürgerrecht de facto stranguliert.
Vielleicht ist's im Terrorkampf ja effektiv,
Doch erreicht IS damit, was er für Europa wohl ausrief.

20. November:

So viel Terror von der Konkurrenz!
Da muss Al Qaida auch was tun!
Es hat erstürmt in Mali eine Reichenresidenz:
Das Radisson in Bamako, wo Ausländer meist ruhn.
Man zählte 21 tote Leute
Nachdem das Militär das Haus befreite.

21. November:

Die Gefahr für Hannover wurde konkretisiert;
Fünf Bomben hätten Terroristen anvisiert.
Drei im Stadion und zwei im Nahverkehr.
Geschockt seit heute auch die Brüsseler:
Die Hauptstadt sich im Zustand der Ausnahme befand:
Anschlagsangst und Fahndung dehnt sich aus aufs ganze Land.

22. November:

Wer hätte das gedacht,
Dass es die Angela mal so lang' macht!
Zehn Jahre ist Frau Merkel heut' im Amt,
Ist von den meisten Seiten durchaus anerkannt.
Meist regiert sie ruhig dahin,
Dass man's kaum bemerk'.
Dann plötzlich, in ganz neuer Krise drin,
Sorgt sie für Überraschung im politischen Gewerk.
Kritik sie meist aus eignen Reihen laut erhält;
Das zeigt, dass sie in Gedanken offen ist für alle auf der Welt.

23. November:

Der Mond ist aufgegangen,
Die goldnen Sternlein prangen.
Hamburg und die Welt
Nahm Abschied von Helmut Schmidt.
Im Michel waren versammelt
Jene, für die er stand immer in der Mitt'.
Kissinger, Merkel, Scholz
Mit Trauerrede über den Mann aus ganz besondrem Holz.
Und Hamburg stand am Straßenrand
Mit Abschiedsgruß und Blumen in der Hand.

24. November:

Die Türkei hat einen Kampfjet Russlands abgeschossen.
Der Jet habe das Land absichtlich provoziert
Und auf zehnfach' Warnung einfach nicht angemessen reagiert.
Da sah Erdogan sich im Recht und war auch schnell
                                                        entschlossen.
Putin reagiert naturgemäß erbost
Und schickt Drohung nach Nahost.
Die Türkei hat die NATO als Verteidigungsgenossen.
Auch der Freund Turkmene auf der syrisch' Seite
Wie der Türke von Assad sich gern befreite.
Dessen Blut haben Putins Bomben reichlich schon vergossen.

25. November:

Die Bundeswehr will Franzosen in Mali schon entlasten,
Doch das reicht Hollande anscheinend noch nicht ganz.
Deutschland soll sich an mehr Engagement gegen Daesch
                                                       rantasten,
Drängt er die Kanzlerin in Elysée-Palastes Glanz.
Er sei gespannt,
Was wir noch haben in der Hinterhand.

26. November:

"Alternativlos" ist ein ganz besondres Wort;
Es führt sehr schnell vom Denken fort,
Öffnet Kriegern Tür und Pfort'
Zu edlem Kampf und grausam' Massenmord.
Die Bundeswehr nun rüstet sich zum Kriege,
Weil das auch in Frankreichs Interessen liege.
Tornado zunächst zur *Aufklärung* über die Levante fliege.
"Aufklärung" - ein Begriff zur Unterscheidung zwischen
                                            Wahrheiten und Lüge.

27. November:

Frankreich trauert heut' um seine Toten.
Ermordet von barbarisch' Daesch Todesboten.
130 Namen - Leben - einzeln dort verlesen,
Dazu Bilder, wie diese fröhlich neulich noch gewesen.
Was muss man für ein Unmensch sein,
Wenn man rein
Zum Morden gründet den Verein.

28. November:

Man glaubt, über den Daesch schon genug zu wissen,
Doch kennt man dort keine Grenzen der Unmenschlichkeit.
Familien, bei der Eroberung zerrissen,
Stellt man als Sklaven nun im Internet zum Kauf bereit.

29. November:

Hamburg sagt Nein zu Olympia!
Von den "Sportlern" ist die Kritik schon da:
Deutschland und olympischer Gedanke
Stünden vis-à-vis an geschloss'ner Schranke.
Doch hat sich eher wohl der "Gedanke" stark gewandelt.
Keine Chance, wer ohne Doping handelt.
Amateure? Gibt's im Spitzensport wohl kaum zu seh'n,
Diese gegen die Profis lang schon untergeh'n.
Und dann die prognostizierten Kosten.
Hamburgs Elbphilharmonie ist so ein Beispielposten.
Olympia in der zuletzt bekannten Form
Ist mehr was für Länder ohne eine demokratisch' Norm.

30. November:

"Wir sind die ersten, die den Klimawandel spüren
Und die letzten, die daran noch können rühren",
So hat Obama zur Klimakonferenz in Paris gesprochen,
Zu welchem 151 Regierungschefs waren heute aufgebrochen.
Global ist es das wichtigste aller Themen;
Bleibt zu hoffen, dass Ergebnisse nicht wieder nur beschämen.

Dezember

1. Dezember:

Peking fast erstickt im Smog -
Doch heißt das nun für die Autos - Stopp?
Nein! - Man empfiehlt den Menschen brav zuhaus zu bleiben,
Wenn sie befürchten, an der schlechten Luft zu leiden.
Ein paar der fatalsten Fabriken sind geschlossen.
Man meint, es reicht, wenn der schlimmste Sünder wird
                                                                           erschossen.

2. Dezember:

Mark Zuckerberg ist Vater grad geworden;
Auf facebook - wo auch sonst - kann man es sehen.
Doch will er wegen Tochter Max nun auch den
                                                  Philanthropenorden?
Muss man Altruismus zugestehen?
Wer so viel gibt, spart mächtig Steuern
Und kann selbst den Zweck der Spenden steuern.

3. Dezember:

Zwei Herren an der Diktatorenschwelle
Die mochten sich nicht leiden.
Putin rückte Erdogan zu dichte auf die Pelle,
Da ließ der die Raketen steigen
Und den russisch' Bomber rasch vom Himmel holen.
Putin heut' nun mächtig sauer reagierte
Und Projekte mit den Türken erstmal schnell stornierte.
Im Wortgefecht gibt's täglich neue Kapriolen.

4. Dezember:

Der Bundestag hat den Syrieneinsatz jetzt beschlossen,
Doch wird von der Bundeswehr nicht gleich selber auf Daesch
                                                                   geschossen.
Unterstützend sollen unsre Leute dienen.
Der Anschlag von San Bernardino ist heut' in neuem Licht
                                                                erschienen:

Religiös motiviert waren wohl die Exzesse der Gewalt.
Ob Daesch verwickelt? Der Verdacht nimmt an Gestalt.

5. Dezember:

Halbzeit auf der Klimakonferenz.
Plötzlich macht sich Optimismus breit.
Nicht mehr 2 Grad Beschränkung die Tendenz,
Man sei zu eineinhalb Grad nun bereit.
Ein Vertragstext liege dazu auch schon vor.
Der Gedanke "Trickserei" wird laut in meinem innren Ohr.

6. Dezember:

Wenn jemand aus dem Anschlag von Paris 'nen Vorteil zieht,
Dann ist es die Marine Le Pen.
Es waren Wahlen im französisch' Regionalgebiet
Mit deutlichem Gewinn
Des Ultrarechts-FN.

7. Dezember:

Während Frankreich weit nach rechts nun driftet,
Das BVG bei uns ein wenig Klarheit stiftet:
Der Antrag zum Verbot der NPD ist zugelassen;
Es wird eng für jene, welche uns und unsre Freiheit hassen.

8. Dezember:

Dummheit plus Geld gleich Macht?
Reicht die Formel aus, um Präsident zu werden?
In Donald Trumps Gehirn herrscht, scheint's, finstre Nacht!
Folgen dennoch ihm die Wählerherden?
Muslimen will er nun pauschal die Einreise verwehren
Und damit den alten *Spirit of America* verheeren.

9. Dezember:

Beate Zschäpe hat bisher geschwiegen,
Sich an 248 Tagen von den Opfern abgewandt.
Jetzt hat eine Erklärung sie geschrieben,

Doch nur *moralische Verantwortung* bekannt.
Ihr Konzept des Schweigens ist bis heut' nicht aufgegangen;
Angesichts der Strafe will sie naiv verführt und offener sich
zeigen.
Doch, was die Angehörigen verlangen -
Antwort - tat sie weiterhin verweigern.

10. Dezember:

Der Friedensnobelpreis nach Tunesien wurd' vergeben.
Deutschland zieht seit heute in den Krieg.
Airbus und Tornados sah man nun entschweben.
Gegen Daesch gibt's wenig Hoffnungen auf Sieg.
Die Perversion lässt dabei Deutsche gegen Deutsche kämpfen,
Um den Einfluss schwarzer Schlächter auf die Welt zu dämpfen.

11. Dezember:

TTIP wohl und Vorratsdatenspeicherung
Kosteten Gabriel ein Viertel aller Stimmen.
Doch scheinbar schert sich der Boss nicht weiter drum,
Lässt Kritik von Links schon vor dem Ohr verklingen.

12. Dezember:

Es scheint ein Tag verhalten positiver Nachricht heut' zu sein:
Für das Klima wurde in Paris ein Abkommen geschafft,
In Polen verließen Tausende zum Anti-PIS-Protest ihr Heim.
In Saudi Arabien durften Frauen erstmals wählen
Und dann noch unerwartet eine Waffenruh' im Jemen.
Auch für Jogis Team bringt eine *leichte* Gegnergruppe
Hoffnungskraft.

13. Dezember:

Wie gut, dass es in Frankreich eine zweite Runde gibt,
In der die Regionalwahl erst entschieden wird.
Sonst wär' weit vorne die, welche wahrlich unbeliebt
Bei denen ist, deren Denken auf Menschlichkeit basiert.

14. Dezember:

Die CDU tagt nun nach der SPD.
Eigentlich Thema gähnender Langeweile.
Wenn da nicht die Flüchtlingsfrage wäre.
Obergrenzen heißt es - nach Merkel - tunlichst zu vermeiden.
Doch "den Zuzug zu verringern" - das mögen Delegierte leiden.
Sich aus der Kritik in den Applaus zu winden,
Dafür tat Merkel wieder mal die rechten Worte finden.

15. Dezember:

Seehofer wollt' in Karlsruh' heut' die Wogen glätten.
Mit der CDU noch was am angespannt' Verhältnis retten.
Frontex beginnt derweil, den Flüchtlingszuzug einzudämmen
Mit dem Versuch, Unerwünschte an der Außengrenz'
                                        zurückzudrängen.
Zur Not auch gegen die Bereitschaft der betroff'nen Länder.
Nicht alle wollen, dass sich damit an ihrem Hoheitsrecht was
                                        änder.

16. Dezember:

Badawis Frau Haidar nahm den Sacharow-Preis entgegen;
Raif selbst taten die Saudis die Entlassung weiterhin verwehren,
Denn ein *Zuviel* an Menschenrecht käm' den Schlächtern grade
                                        ungelegen.
Janet Yellen von der FED tat der Welt die erwartet' Zinswende
                                        bescheren:
Mehr Profit - wenn auch vorerst noch gering - tat die Finanzwelt
                                        länger schon begehren.

17. Dezember:

Das Foto des Jahres wurde heute gekürt.
Das Bild von Kindern in arger Bedrängnis wohl jedes Herz
                                        berührt.
Es ähnelt dem Bild des jüdischen Kinds mit erhobenen Händen
Und zeigt, dass sich Europa auch heute noch schwer tut mit
                                        Fremden.
Kann der erneute Gipfel in Brüssel das Blatt wenden,

Oder wird der Bruch der Gemeinschaft nur weiter geschürt?

18. Dezember:

Steinmeier ist recht sauer drauf,
Nimmt Europa keine Syrer auf.
Er droht, die Staaten zu verklagen,
Die sich bis heut' der Solidarität verweigert haben.
Merkels Altmaier besänftigt nur.
Ärger aus dem Kanzleramt? Nicht die Spur!

19. Dezember:

Es verstarb heut' Kurt Masur -
Er war nicht nur
Einer der weltbekanntest' Dirigenten,
Sondern auch ein Mitbereiter deutscher Wenden.
Sein Einfluss half Gewalt verhindern
Von den bröckelnd' Menschenschindern
An den nach Freiheit strebend' Aufstandskindern.

20. Dezember:

Während Erdogan in der Türkei die Kurden quält,
Wurde in Spanien heute eine neue Regierung gewählt.
Während vorher Konservative mit Sozialisten tauschten,
Diesmal *Podemos* und *Ciudadanos* die Bürger berauschten.
Rajoy kann nun nicht mehr allein regieren,
Muss auf Koalitionäre stieren.

21. Dezember:

In Las Vegas wurd' Miss Missverständnis heut' gekürt;
Nur ein Minütchen hat Ariadna Guttiérez das Krönchen auf dem
                                          Haupt gespürt.
Dann hat der Moderator seinen Irrtum eingesehen
Und Pia Wurtzbach von den Philippinen durfte als Miss
                                      Universe nun vorne stehen.
Auch beim Wetter lässt sich zurzeit leicht etwas vertauschen:
Temperaturen bis an die 20 Grad uns um die Ohren rauschen.

22. Dezember:

Daesch fälscht erbeutet' syrisch' Pässe,
Das ist seit Tagen schon bekannt.
Jetzt fragt man sich mit Gesichtes Blässe,
Ob damit der Terror ist eingereist in unser Land?
Auch die Attentäter von Paris hatten Dokumente dieser Art.
Frankreich verschärft Gesetze, was sich mit Einschränkung von
                                      Menschenrechten paart.

23. Dezember:

Ein paar mahnend' Worte aus überhöhter Position,
Und schon hat Papst Franziskus unser'n Karlspreis schon.
Doch was zahlt eigentlich sein eignes undemokratisch' Land,
Wenn's um Flüchtlinge geht und des nahen Mittelmeeres
                                      Schand?
Genügt es schon, ein paar in die Sixtinische Kapell' zu bitten,
Von jenen, die schon unter andren autoritären Herrschern litten?

24. Dezember:

Zum Friedensfest
Fragt man sich alljährlich,
Wo denn der Frieden ist?
Selbst in Bethlehem ist es zu gefährlich,
Als dass der Christ
Dorthin auf Reisen ist.

25. Dezember:

Macht man heut' die Nachricht an,
Steht alles, scheint's, im Kirchenwahn.
Urbi et Orbi spendete der Papst wie immer,
Dann Marx und Bedford-Strohm, der heute grinst noch
                                      schlimmer.
Danach gleich Pfarrer Gauck mit seiner Weihnachts-Botschaft;
Weltlich' Nachricht wurd' fast ganz hinweggerafft.

26. Dezember:

Von der EU hat sich Erdogan mehr Diktatorenmacht erkauft,
Indem er Geld erhält für das Bremsen dort von
                                        Flüchtlingsströmen.
Mit diesen Mitteln er im eignen Land gegen die verhassten
                                                   Kurden rauft.
Gegen Erdogan demonstrierten in Düsseldorf Kurden heut' in
                                                          Strömen.

27. Dezember:

In Hamburg tagt der Chaos Computer Club, kurz: CCC.
Er ist gegen das, was keiner von uns merkt, ehe es tut richtig
                                                             weh:
Gegen digitale Überwachung und für Rettung von Demokratie.
Doch wer ist unterwandert? Das weiß im Chaos man verlässlich
                                                               nie.

28. Dezember:

Daesch-Verbrecher sind aus Ramadi nun zurückgedrängt.
Irakes Truppen rechnen dort mit gutem, schnellen End.
Derweil steigt die Gefahr des Terrors stetig an.
Man rechnet auch damit bei uns nun irgendwann.

29. Dezember:

Das Wetter spielt ein weitres Mal verrückt.
Temperaturen gab's bis 20 Grad.
Manches Gebüsch macht schon mit Blüten Staat.
Doch in Britannien der Katastrophenschutz ausrückt.
Die Insel steht seit Tagen unter Regenwässern
Und laut Wetterdienst wird sich die Lage wohl nicht bessern.
In York ragen meist nur noch die Dächer raus
Und auch anderswo herrscht blanker Graus.
Wer's warm wie in Kalifornien will, dem das zurzeit am Nordpol
                                                                   glückt.

30. Dezember:

Wer wissen will, wie Weimar einst zugrunde ging,
Der schaue heut' auf Polen hin.
Dort kam PIS neulich demokratisch an die Macht
Und demontiert nun hart erkämpfte Freiheit, dass es kracht.
Heute ging's dem Rundfunk und der Presse an den Kragen.
Kann Europa das und Orban weiter noch im Bündnis haben?

31. Dezember:

Mit Terror hat das Jahr begonnen;
Mit Terroralarm, so hört es wieder auf.
In einem Punkt hat Furcht und Schrecken doch gewonnen:
Absagen nehmen wir wohl eher jetzt inkauf.
Brüssel bläst Silvester ab,
München hält 'ne Warnung heut' auf Trab.
Bahnhöfe sind dorten noch geschlossen.
Nur in Berlin, da feiern Hunderttausend ziemlich unverdrossen.
Nach 'ner Weile waren die anfänglich' Bedenken futsch
Und man wünschte allen den altbekannten *Guten Rutsch!*

Weitere Bücher von Andreas Härdter

Spaziergang nach Rom

Die meisten Dinge sind an sich schon komisch; die anderen werden es, wenn man sie in einem neuen, manchmal auch absurden Zusammenhang betrachtet.

Unter diesem Leitspruch machte sich der Satiriker und leidenschaftliche Fußgänger Andreas Härdter zusammen mit seinem Cousin Michael einst von Braunschweig aus auf, um 10 Jahre oder 80 Wandertage später den antiken Nabel der Welt für sich zu erobern.
    Es ist ein humorvolles, ein satirisches, ein witziges Buch, das vor allem die zahlreichen Erlebnisse und Kuriositäten am Rand des Weges beleuchtet und dabei gelegentlich auch einmal stark übertreibt. Ein gehöriger Schuss Selbstironie darf natürlich nicht fehlen, und so bleiben auch die kleinen und großen Schwächen, Fehler und Ängste der Akteure nicht verschont. Aber aus allen Gefahren kamen sie immer heil heraus und hatten abends meist das Glück, auf das Happy-End der Tagestour mit einem Hefeweizen anstoßen zu können.

ISBN: 978-3-943070-02-6
Als eBook: ISBN 978-3-943070-03-3

Die Hanse-Runde - geradelt

Im Uhrzeigersinn um die Ostsee
Von Travemünde nach Travemünde

Die meisten Dinge sind an sich schon komisch; die anderen werden es, wenn man sie in einem neuen, manchmal auch absurden Zusammenhang betrachtet.

Unter diesem Leitspruch machte sich der Satiriker, leidenschaftliche Wanderer und Radfahrer Andreas Härdter erneut auf, um dieses Mal die gesamte Ostsee aus eigener Kraft, teils zu Fuß, aber größtenteils mit dem Fahrrad, zu umrunden. Von Travemünde nach Kopenhagen wählte er, wie zuvor schon auf seinem Spaziergang nach Rom, den Fernwanderweg E6, bereiste dann aber die Küstenländer Schweden, Finnland, Russland, Baltikum und Polen mit dem Fahrrad.
    Das wahrscheinlich witzigste Reisebuch der Welt hat damit ernsthafte Konkurrenz, und das auch noch aus dem eigenen Stall, bekommen. Wieder ist dem Autor ein humorvolles, ein satirisches, ein witziges Buch gelungen.

    ISBN: 978-3-943070-08-8
       Als eBook: 978-3-943070-09-5

Der Zeitenzeuge

Ein religionskritischer, historischer Roman

Semenchkare war Pharao in Ägypten, der Nachfolger Echnatons. Dem weltlichen Machtkampf der Götter Amun gegen Aton wurde er geopfert und vom Thron gestürzt, wodurch Amun obsiegte. Sein Name wurde getilgt, von der Geschichte wurde er vergessen. Sein Grab hat man nie gefunden. - Weil er bis heute überlebt hat! Erst in unserer Zeit erfuhr Semenchkare, dass er seine extreme Langlebigkeit einer durch seine Familie vererbten Anomalie der Gene verdankt.

Über die Jahrtausende war es für ihn überlebensnotwendig gewesen, seine Identität immer wieder zu wechseln. Unser Informationszeitalter hat diese Strategie schließlich scheitern lassen. Der Ex-Pharao ist gezwungen, sich zu offenbaren. Er will diesen Schritt aber noch nicht unternehmen, ohne zuvor eindeutige Belege für seine wahre Identität vorlegen zu können. Eine Reise mit ehrenhaften Zeugen an einen geschichtsträchtigen Ort liefert die unumstößlichen Beweise. Sie verschaffen ihm die Glaubwürdigkeit, die Geschichte in wichtigen Punkten zu korrigieren, denn er war leibhaftiger Zeitenzeuge in den Epochen, in denen sich die großen Religionen der Welt ausbildeten. Und er war nicht unbeteiligt daran gewesen.

Kein Gott hatte sich jemals wirklich offenbart! Aufklärung und Wissenschaft veränderten auch sein Weltbild. Seither ist er auf der Suche nach der absoluten Wahrheit und hofft, die Erkenntnis der Weltformel noch miterleben zu dürfen. Berührungspunkte mit dem absolut Wahren hat er bereits gefunden!

© 2011 by Freigeistiger Verlag Andreas Härdter, Vechelde
Druckausgabe: ISBN 978-3-943070-00-2
eBook Ausgabe: ISBN 978-3-943070-01-9 (epub-Format)

Jetzt neu!

Der Zeitenzünder

auch in altdeutscher Schrift (Sütterlin; Deutsche Kurrentschrift)

720 Seiten in dieser Schriftgröße

ISBN: 978-3-943070-12-5

Andreas Härdter

JAHRESGEDICHTE

Jahresgedicht 2002

365 Kurzgedichte zur aktuellen Weltgeschichte

Die Top-Nachricht eines jeden Tages im Jahr 2002 wird darin in gereimter Form wiedergegeben. Das Jahresgedicht ruft so auf angenehme Weise und knapp gehalten, mal ernst, mal heiter, die Erinnerung an dieses ereignisreiche Jahr zurück.

Der Leser wird erstaunt sein, wie oft er sich während der unterhaltsamen Lektüre an die Stirn fasst und sagt: „Ach ja, das hatte ich ja schon ganz vergessen!"

Machen Sie aktiv mit bei einer neuen Ausgabe der Jahresgedichte! Setzen auch Sie Ihre Top-Nachricht in Reimform und senden Sie diese als E-Mail an den Verlag: www.freigeistiger-verlag.com

Vielleicht erscheint dann auch Ihr Kurzgedicht im neuen Band bald als eBook oder gar als Buch!

Freigeistiger Verlag Andreas Härdter, Vechelde
Buchausgabe: ISBN 978-3-943070-04-0
eBook Ausgabe: ISBN 978-3943070-05-7 (epub-Format)

Jahresgedicht 2012

366 Kurzgedichte zur aktuellen Weltgeschichte

Buchausgabe: ISBN 978-3-943070-06-4
eBook Ausgabe: ISBN 978-3-943070-07-1

Jahresgedicht 2013

365 Kurzgedichte zur aktuellen Weltgeschichte

Buchausgabe: ISBN 978-3-943070-10-1
eBook Ausgabe: ISBN 978-3-943070-11-8

Jahresgedicht 2014

365 Kurzgedichte zur aktuellen Weltgeschichte

Buchausgabe: ISBN 978-3-943070-13-2
eBook Ausgabe: ISBN 978-3-943070-14-9

Jahresgedicht 2016

in Vorbereitung

Andreas Härdter

Die Wanderung von Braunschweig nach Rom

Alle reich bebilderten und sehr ausführlichen Beschreibungen der Tagestouren nach Rom.

Teil 1: Von Braunschweig nach Salzburg – 36 Tagestouren (pdf-Format)

Teil 2: Über die Alpen nach Venedig – 20 Tagestouren (pdf-Format)

Teil 3: Von Venedig nach Rom – 24 Tagestouren (pdf-Format)

Mit Link auf Google maps, wo jede Tagestour genauestens in Kartenform verzeichnet ist.

Die Wanderung auf dem E 6 von Braunschweig nach Kopenhagen

Alle reich bebilderten und sehr ausführlichen Tourenbeschreibungen der langen Wanderung an die Ostsee und nach Kopenhagen.- 29 Tagestouren (pdf)

Mit Link auf Google maps, wo jede Tagestour genauestens in Kartenform verzeichnet ist.

Die Wanderungen auf dem E 11 zwischen Wiehengebirge und Halle (Saale)

Alle reich bebilderten und sehr ausführlichen Tourenbeschreibungen der Wanderung von Goslar nach Neue Mühle bei Lübbecke (Wiehengebirge) und von Goslar am Harzrand entlang bis nach Halle an der Saale - 21 Tagestouren inklusive Brockenexkursion (pdf)

Mit Link auf Google maps, wo jede Tagestour genauestens in Kartenform verzeichnet ist. (in Vorbereitung)

Im Uhrzeigersinn um die Ostsee

Alle reich bebilderten und sehr ausführlichen Tourenbeschreibungen der langen Fahrrad-Wanderung um die gesamte Ostsee herum.

Teil 1: Von Kopenhagen entlang der Ostseeküste nach Stockholm – 8 Tagestouren (pdf)

Teil 2: Um den Bottnischen Meerbusen – von Stockholm nach Turku – 20 Tagestouren (pdf)

Teil 3: von Turku über Helsinki und Sankt Petersburg nach Tallinn – 9 Tagestouren (pdf)

Teil 4: von Tallinn über Kaliningrad nach Danzig – 13 Tagestouren (pdf)

Teil 5: von Danzig nach Travemünde - 7 Tagestouren (pdf)

Mit Link auf Google maps, wo jede Tagestour genauestens in Kartenform verzeichnet ist.

www.ingramcontent.com/pod-product-compliance
Lightning Source LLC
Chambersburg PA
CBHW031407040426
42444CB00005B/458